Einstern

Mathematik für Grundschulkinder

3

Themenheft 4

- Schriftliche Subtraktion
- Größenbereich Geld

Erarbeitet von Roland Bauer und Jutta Maurach

In Zusammenarbeit mit der
Cornelsen Redaktion Grundschule

Cornelsen

Einstern 3

Mathematik für Grundschulkinder
Themenheft 4
Schriftliche Subtraktion
Größenbereich Geld

Erarbeitet von:	Roland Bauer, Jutta Maurach
Fachliche Beratung:	Prof'in Dr. Silvia Wessolowski
Fachliche Beratung exekutive Funktionen:	Dr. Sabine Kubesch, INSTITUT BILDUNG plus, im Auftrag des ZNL TransferZentrum für Neurowissenschaften und Lernen, Ulm
Redaktion:	Agnetha Heidtmann, Friederike Thomas, Peter Groß, Uwe Kugenbuch
Illustration:	Yo Rühmer
Umschlaggestaltung:	Cornelia Gründer, agentur corngreen, Leipzig
Layout und technische Umsetzung:	lernsatz.de

fex

fex steht für *Förderung exekutiver Funktionen*. Hierbei werden neueste Erkenntnisse der kognitiven Neurowissenschaft zum spielerischen Training exekutiver Funktionen für die Praxis nutzbar gemacht. **fex** wurde vom **ZNL TransferZentrum für Neurowissenschaften und Lernen** *(www.znl-ulm.de)* an der Universität Ulm gemeinsam mit der **Wehrfritz GmbH** *(www.wehrfritz.com)* ins Leben gerufen. Der Cornelsen Verlag hat in Kooperation mit dem ZNL ein Konzept für die Förderung exekutiver Funktionen im Unterrichtswerk *Einstern* entwickelt.

Bildnachweis
7, 11, 13, 20, 41, 42, 43, 44 ©Europäische Zentralbank

www.cornelsen.de

1. Auflage, 5. Druck 2022

Alle Drucke dieser Auflage sind inhaltlich unverändert
und können im Unterricht nebeneinander verwendet werden.

Druck: Parzeller print & media GmbH & Co. KG, Fulda

ISBN 978-3-06-081789-4
ISBN 978-3-06-084233-9 (E-Book: alle Themenhefte Einstern 3)

PEFC
PEFC/04-31-1308

PEFC zertifiziert
Dieses Produkt stammt aus nachhaltig bewirtschafteten Wäldern und kontrollierten Quellen.
www.pefc.de

Inhaltsverzeichnis

Geld

577
-386
1
191
4 17
577
-386
191
Leichte Aufgaben rechne ich im Kopf.
Wenn ich schriftlich rechne, mache ich weniger Fehler.
Wenn ich im Kopf rechne, geht es manchmal schneller.
Ich zeige dir, wie du schriftlich subtrahieren kannst.
subtrahieren:
Minusaufgaben lösen

Geldbeträge legen und Anteile wegnehmen

1 Bei einigen Verkaufsständen liegen die Einnahmen auf dem Tisch. Von diesen müssen noch Rechnungen bezahlt werden. Lege selbst mit Rechengeld und schreibe auf, wie viel Geld jeweils übrig bleibt.

a) Getränke

112 €

b) Würstchen

c) Butterbrezeln

d) Pizza

e) Belegte Brötchen

f) Schminkecke

★ übersetzen Problemstellungen einer Sachsituation in ein mathematisches Modell
★ legen Geldbeträge mit Rechengeld und subtrahieren handelnd

Das Wegnehmen vom Bild in die Stellentafel übertragen

Getränke

Hunderter	Zehner	Einer

	H	Z	E
	2	3	4
−	1	2	2
	1	1	2

1 Die Rechenbilder zeigen, wie die Rechnungen bezahlt wurden.
Übertrage jede Minusaufgabe in eine Stellentafel.
Berechne den Gewinn. Sprich dazu wie Einstern.

a) Würstchen

Hunderter	Zehner	Einer

	H	Z	E
	3	2	4
−	1	1	3
	2	1	1

b) Belegte Brötchen

Hunderter	Zehner	Einer

	H	Z	E
−			

c) Schminkecke

Hunderter	Zehner	Einer

	H	Z	E
−			

★ übertragen von der konkret handelnden Ebene in die symbolische Darstellung in der Stellentafel
★ lösen Aufgaben zur Subtraktion im Zahlenraum bis 1 000 und nutzen dabei die Struktur des Zehnersystems

Subtraktionsaufgaben in der Stellentafel darstellen

Hunderter	Zehner	Einer
□□□ØØ	||||| |ǂǂǂ	••/// /

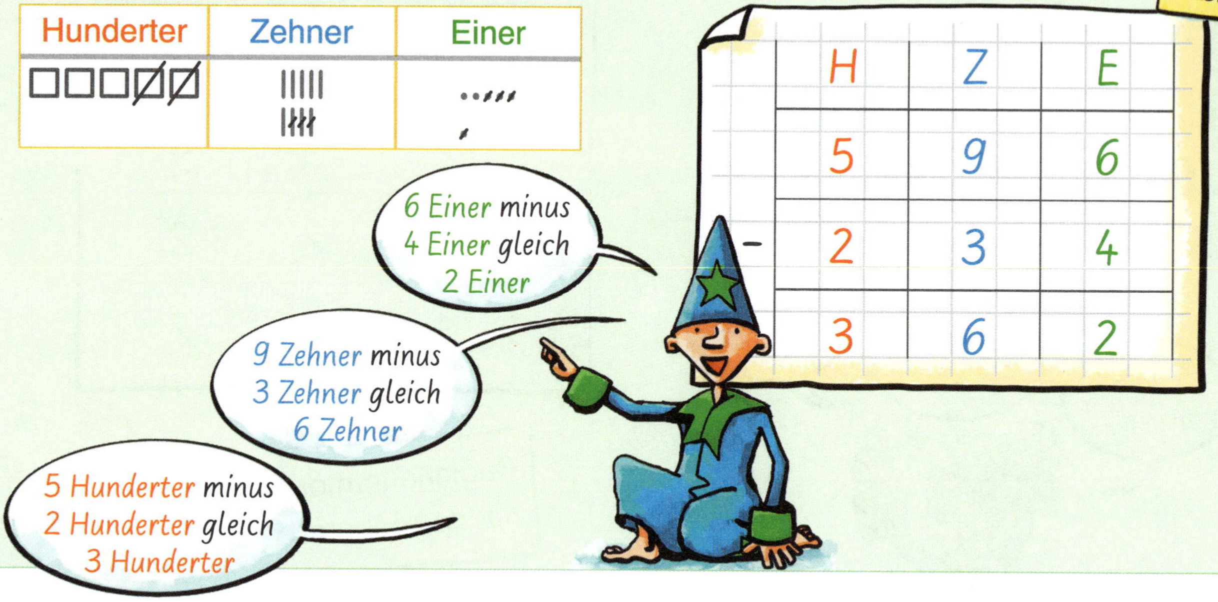

1 Übertrage die Rechenbilder in Stellentafeln. Bestimme jeweils das Ergebnis. Beginne bei den Einern. Sprich dazu wie Einstern.

a)

Hunderter	Zehner	Einer
□□□ØØ Ø	|||ǂǂ	••••/ ///

	H	Z	E
	6	5	8
−	3	2	4
	3	3	4

b)

Hunderter	Zehner	Einer
□□ØØ	||ǂǂǂ ǂǂ	•///

	H	Z	E
−			

c)

Hunderter	Zehner	Einer
□□ØØØ	|||ǂǂ ǂǂ	••••• •//

	H	Z	E
−			

d)

Hunderter	Zehner	Einer
□□ØØØ ØØØ	||||| ǂǂǂ	••/

	H	Z	E
−			

e)

Hunderter	Zehner	Einer
□□□Ø	|ǂǂǂ	••/// ////

	H	Z	E
−			

⋆ nutzen planvoll und systematisch die Struktur des Zehnersystems
⋆ übertragen eine Darstellung in eine andere

Minusaufgaben in Rechenbildern und Stellentafeln darstellen

1 Zeichne das Rechenbild, trage in die Stellentafel ein und berechne.
Kontrolliere selbst mit den Lösungen in den Sternen.

a) 367 – 254 = 113

Hunderter	Zehner	Einer
		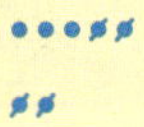

	H	Z	E
	3	6	7
–	2	5	4
	1	1	3

b) 658 – 336 =

Hunderter	Zehner	Einer

	H	Z	E
–			

~~113~~

c) 974 – 651 =

Hunderter	Zehner	Einer

	H	Z	E
–			

222

322

d) 455 – 233 =

Hunderter	Zehner	Einer

	H	Z	E
–			

323

e) 587 – 254 =

Hunderter	Zehner	Einer

	H	Z	E
–			

333

* nutzen planvoll und systematisch die Struktur des Zehnersystems
* übertragen eine Darstellung in eine andere

In der Stellentafel abziehen

Beachte:
Beginne bei den Einern.
Rechne von oben nach unten.

1 Rechne und sprich dazu wie Einstern.
Bitte ein anderes Kind, deine Sprechweise zu überprüfen.

a)

	H	Z	E
	8	6	3
−	5	5	2
	3	1	1

b)

	H	Z	E
	5	3	5
−	4	1	4

c)

	H	Z	E
	6	8	9
−	3	4	7

d)

	H	Z	E
	9	7	7
−	3	5	3

e)

	H	Z	E
	7	4	3
−	4	3	2

2 Schreibe jede Aufgabe in eine Stellentafel.
Berechne das Ergebnis.

a) 739 − 23

	H	Z	E
	7	3	9
−		2	3
	7	1	6

b) 589 − 352

	H	Z	E
−			

c) 877 − 665

	H	Z	E
−			

d) 563 − 251

	H	Z	E
−			

e) 856 − 524

	H	Z	E
−			

3 Schreibe die Aufgaben in die Stellentafeln.
Berechne das Ergebnis.

a) 647 − 435

	H	Z	E
	6	4	7
−	4	3	5
	2	1	2

b) 858 − 346

	H	Z	E
−			

c) 557 − 36

	H	Z	E
−			

d) 772 − 360

	H	Z	E
−			

e) 689 − 555

	H	Z	E
−			

* übertragen die bekannte Vorgehensweise auf das Abziehverfahren bei der schriftlichen Subtraktion
* subtrahieren dreistellige Zahlen in der Stellentafel mit dem Abziehverfahren
* übertragen Subtraktionsaufgaben stellengerecht in die Stellentafel

→ Ü Seite 31

Geldbeträge zeichnen, Zehner tauschen und abziehen

462 € – 327 € = ■ €

462 € legen

Einen Zehner in 10 Einer tauschen

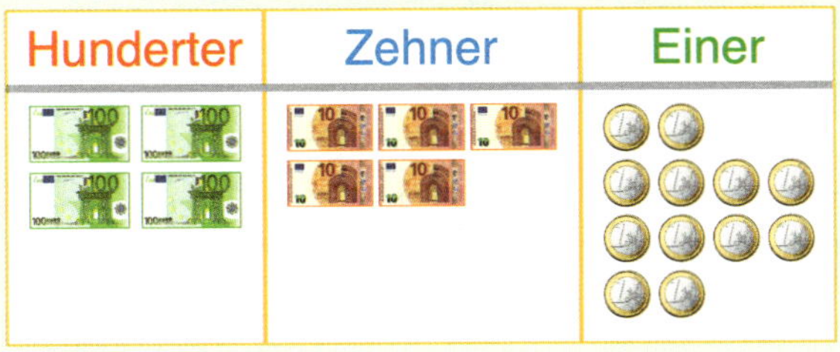

H	Z	E
	5	12
4	~~6~~	~~2~~

Abziehen

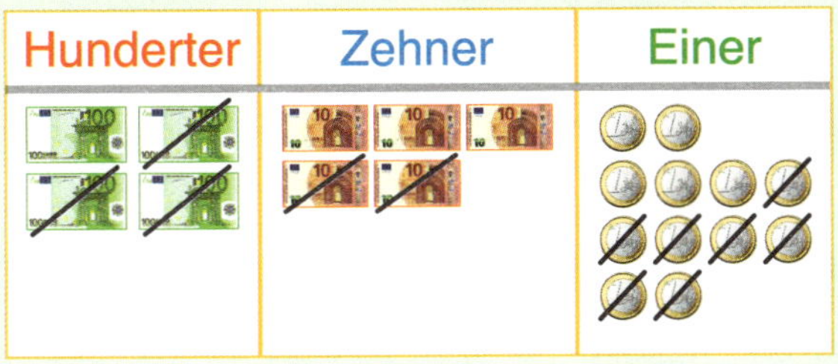

	H	Z	E
		5	12
	4	~~6~~	~~2~~
–	3	2	7
	1	3	5

1 Zeichne den Tauschvorgang farbig ein.
Notiere dein Vorgehen in der Stellentafel.

a) 674 € – 456 € = 218 €

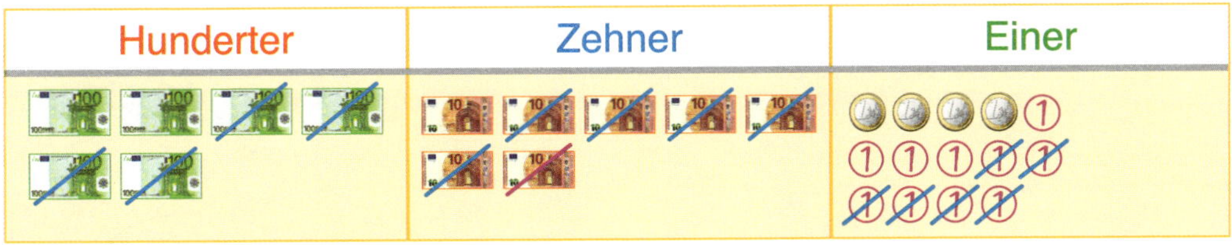

	H	Z	E
		6	14
	6	~~7~~	~~4~~
–	4	5	6
	2	1	8

b) 861 € – 339 € = ____ €

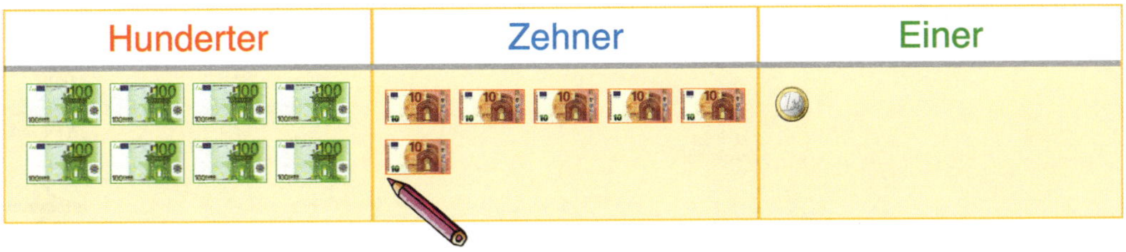

	H	Z	E
–			

* wechseln zwischen verschiedenen Darstellungsformen
* verstehen auf der Basis des dekadischen Zahlensystems den Tauschvorgang
* notieren den Tauschvorgang in der Stellentafel

Rechenbilder zeichnen, Zehner tauschen und abziehen

1 Zeichne das Rechenbild. Kennzeichne mit Rot, wie du tauschst.
Übertrage in die Stellentafel. Beginne immer mit den Einern. Kontrolliere selbst.

a) 452 – 238 = 214

Hunderter	Zehner	Einer
□□□□	IIIII	•• ••••••••••

	H	Z	E
		4	12
	4	5	2
–	2	3	8
	2	1	4

118

b) 673 – 445 =

Hunderter	Zehner	Einer

	H	Z	E
–			

~~214~~

c) 367 – 249 =

Hunderter	Zehner	Einer

	H	Z	E
–			

228

d) 584 – 336 =

Hunderter	Zehner	Einer

	H	Z	E
–			

248

e) ___ – ___ = ___

Hunderter	Zehner	Einer

	H	Z	E
–			

* wechseln zwischen verschiedenen Darstellungsformen
* verstehen auf der Basis des dekadischen Zahlensystems den Tauschvorgang
* notieren den Tauschvorgang in der Stellentafel

Geldbeträge zeichnen, Hunderter tauschen und abziehen

Abziehen

635 € – 274 € = ☐ €

	H	Z	E
	5	13	
	~~6~~	~~3~~	5
–	2	7	4
	3	6	1

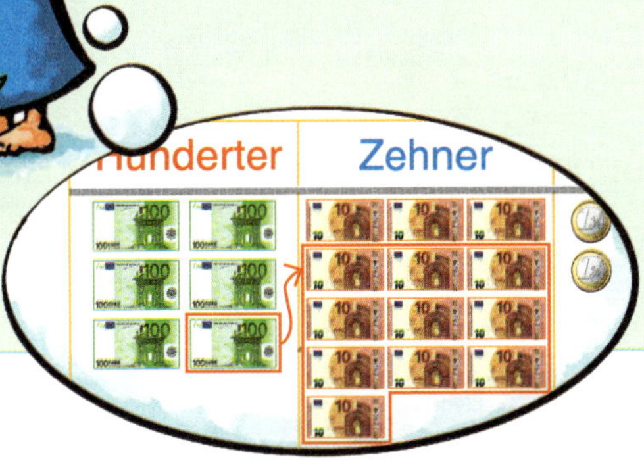

1 Zeichne den Tauschvorgang farbig ein.
Notiere dein Vorgehen in der Stellentafel.

a) 734 € – 281 € = ☐ €

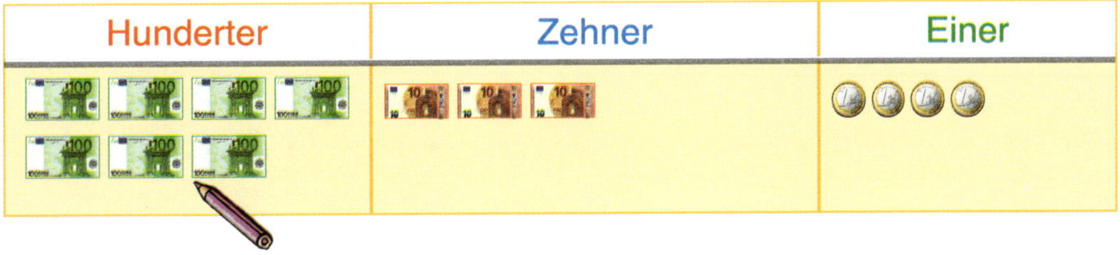

	H	Z	E
–			

b) 815 € – 552 € = ☐ €

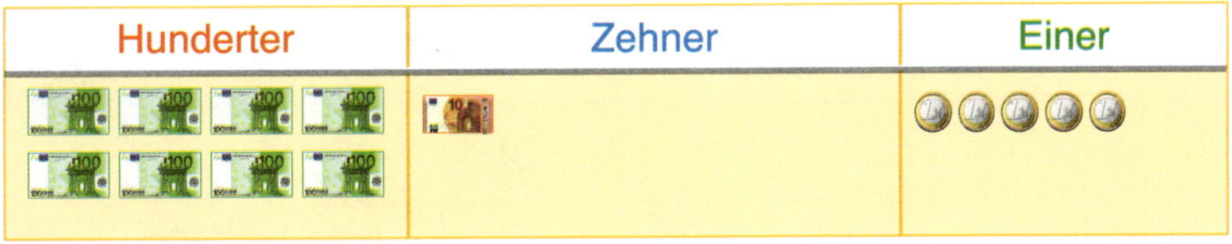

	H	Z	E
–			

c) 624 € – 481 € = ☐ €

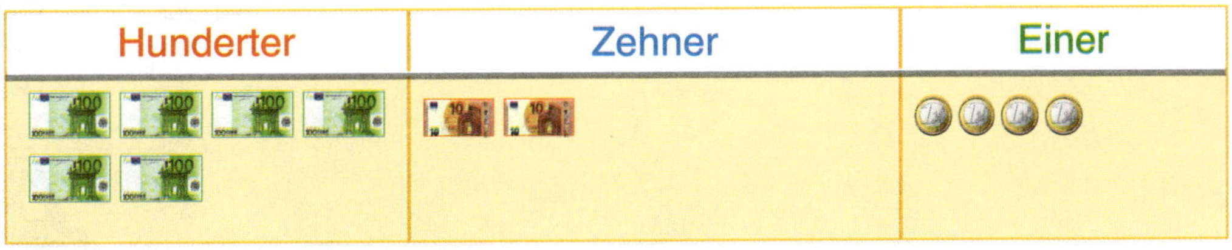

	H	Z	E
–			

⋆ wechseln zwischen verschiedenen Darstellungsformen
⋆ verstehen auf der Basis des dekadischen Zahlensystems den Tauschvorgang
⋆ notieren den Tauschvorgang in der Stellentafel

Rechenbilder zeichnen, Hunderter tauschen und abziehen

Abziehen

1 Zeichne das Rechenbild. Kennzeichne mit Rot, wie du tauschst.
Übertrage in die Stellentafel. Beginne immer mit den Einern. Kontrolliere selbst.

a) 437 – 256 = 181

Hunderter	Zehner	Einer

	H	Z	E
	3	13	
	~~4~~	~~3~~	7
–	2	5	6
	1	8	1

~~181~~

b) 625 – 374 =

Hunderter	Zehner	Einer

	H	Z	E
–			

233

c) 518 – 285 =

Hunderter	Zehner	Einer

	H	Z	E
–			

251

d) 926 – 564 =

Hunderter	Zehner	Einer

	H	Z	E
–			

362

e) ___ – ___ = ___

Hunderter	Zehner	Einer

	H	Z	E
–			

* wechseln zwischen verschiedenen Darstellungsformen
* verstehen auf der Basis des dekadischen Zahlensystems den Tauschvorgang
* notieren den Tauschvorgang in der Stellentafel

Aufgaben legen und handelnd lösen

343 – 228

343 legen

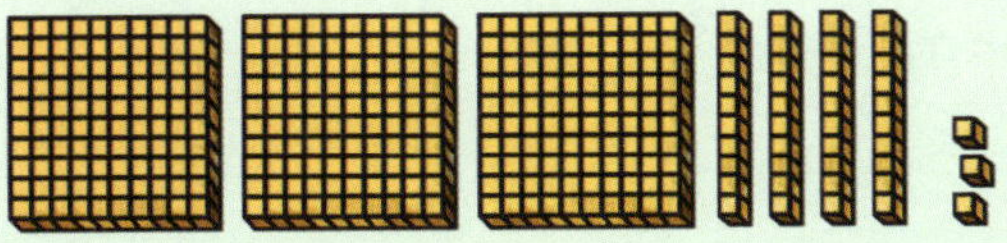

Einen Zehner in 10 Einer tauschen

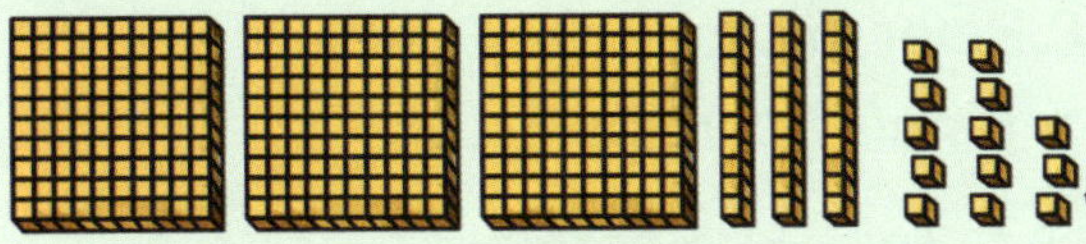

Abziehen

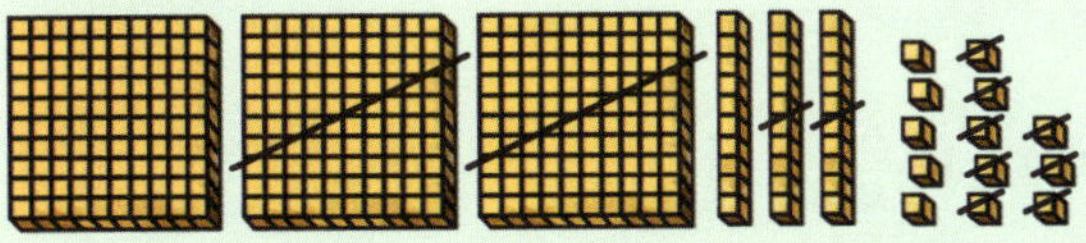

337 – 156

337 legen

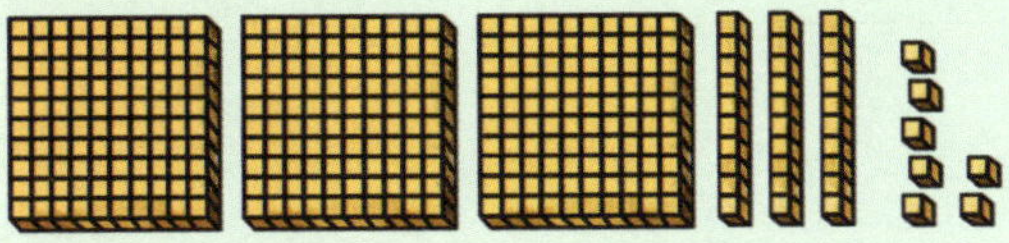

Einen Hunderter in 10 Zehner tauschen

Abziehen

1 Lege und sprich wie Tim. Tausche eine Zehnerstange in zehn Einzelne um.

a) 343 – 228 = 115 b) 543 – 216 = ___ c) 432 – 315 = ___

d) 341 – 126 = ___ e) 234 – 128 = ___ f) 632 – 218 = ___

2 Lege und sprich wie Lea. Tausche eine Hunderterplatte in zehn Zehnerstangen um.

a) 337 – 156 = ___ b) 549 – 386 = ___ c) 726 – 574 = ___

d) 816 – 632 = ___ e) 617 – 435 = ___ f) 427 – 354 = ___

* übertragen ihre bisherigen Kenntnisse in andere ihnen bereits bekannte Darstellungsformen
* bestätigen und vertiefen ihre Erkenntnisse durch den handelnden Umgang mit strukturiertem Material

Schreib- und Sprechweise beim Abziehverfahren kennenlernen

1 Berechne durch Abziehen und sprich wie im Beispiel.
Bitte ein anderes Kind, deine Sprechweise zu überprüfen.

	H	Z	E
		8	12
	7	~~9~~	~~2~~
–	4	6	8
	3	2	4

Sprich so:

E: 2 Einer minus 8 Einer geht nicht.
Ich tausche einen Zehner in 10 Einer und behalte 8 Zehner.
12 Einer minus 8 Einer gleich 4 Einer. Schreibe 4.

Z: 8 Zehner minus 6 Zehner gleich 2 Zehner. Schreibe 2.

H: 7 Hunderter minus 4 Hunderter gleich 3 Hunderter. Schreibe 3.

a)

	H	Z	E
		4	11
	3	~~5~~	~~1~~
–	2	3	7
			4

b)

	H	Z	E
	7	6	2
–	3	1	6

c)

	H	Z	E
	4	9	3
–	2	5	8

d)

	H	Z	E
	9	8	4
–	6	4	9

2 Berechne durch Abziehen und sprich wie im Beispiel.
Bitte ein anderes Kind, deine Sprechweise zu überprüfen.

	H	Z	E
	4	12	
	~~5~~	~~2~~	8
–	3	6	1
	1	6	7

Sprich so:

E: 8 Einer minus 1 Einer gleich 7 Einer. Schreibe 7.

Z: 2 Zehner minus 6 Zehner geht nicht.
Ich tausche einen Hunderter in 10 Zehner und behalte 4 Hunderter.
12 Zehner minus 6 Zehner gleich 6 Zehner. Schreibe 6.

H: 4 Hunderter minus 3 Hunderter gleich 1 Hunderter. Schreibe 1.

a)

	H	Z	E
	6	15	
	~~7~~	~~5~~	8
–	3	7	4
		8	4

b)

	H	Z	E
	4	3	7
–	2	8	1

c)

	H	Z	E
	8	5	8
–	5	8	5

d)

	H	Z	E
	6	2	6
–	1	5	3

→ 8 5 6   → 3 6 4 9   → 7 2 5 8 3   ★ 6   ★ 2   ★ 4   ★

★ leiten aus dem Tauschvorgang die Möglichkeit des Abziehens einzelner Stellenwerte ab
★ übertragen den Tauschvorgang in die rechnerische Ausführung sowie die passende Notation und Sprechweise

Schreib- und Sprechweise beim Abziehverfahren üben

Abziehen

1 Übertrage die Aufgaben in die Stellentafeln und berechne durch Abziehen.
Sprich zu den einzelnen Rechenschritten.
Kontrolliere selbst.

a) 462 – 237

	H	Z	E
		5	12
	4	~~6~~	~~2~~
–	2	3	7
	2	2	5

b) 374 – 228

	H	Z	E
–			

c) 953 – 37

	H	Z	E
–			

d) 582 – 248

	H	Z	E
–			

e) 752 – 419

	H	Z	E
–			

f) 291 – 108

	H	Z	E
–			

g) 641 – 229

	H	Z	E
–			

h) 864 – 548

	H	Z	E
–			

i) 617 – 384

	H	Z	E
	5	11	
	~~6~~	~~1~~	7
–	3	8	4
	2	3	3

k) 429 – 187

	H	Z	E
–			

l) 835 – 84

	H	Z	E
–			

m) 548 – 390

	H	Z	E
–			

n) 357 – 76

	H	Z	E
–			

o) 769 – 482

	H	Z	E
–			

p) 917 – 660

	H	Z	E
–			

r) 274 – 191

	H	Z	E
–			

83 146 158 183 ~~225~~ ~~233~~ 242 257 281 287 316 333 334 412 751 916

* übertragen den Tauschvorgang in die rechnerische Ausführung sowie die passende Notation und Sprechweise

Mehrfachen Stellenübergang kennenlernen und üben

1 Betrachte den mehrfachen Stellenübergang. Berechne durch Abziehen und sprich in Kurzform wie im Beispiel. Bitte ein anderes Kind, deine Sprechweise zu überprüfen.

Zehner und Hunderter beim Abziehverfahren tauschen

	H	Z	E
	5	11 ~~1~~	14
	~~6~~	~~2~~	~~4~~
−	3	8	5
	2	3	9

Sprich so:

E: 4 minus 5 geht nicht.
14 minus 5 gleich 9. Schreibe 9.

Z: 1 minus 8 geht nicht.
11 minus 8 gleich 3. Schreibe 3.

H: 5 minus 3 gleich 2. Schreibe 2.

a)

	H	Z	E
	4	3	6
−	2	5	7

b)

	H	Z	E
	7	4	6
−	4	5	8

c)

	H	Z	E
	8	3	5
−	6	7	6

d)

	H	Z	E
	8	5	3
−	3	7	9

2 Beachte die Besonderheit bei 0 Zehnern. Berechne durch Abziehen und sprich wie im Beispiel. Bitte ein anderes Kind, deine Sprechweise zu überprüfen.

Beim Abziehen von einer Zahl mit 0 Zehnern kann es sein, dass du zweimal tauschen musst.

	H	Z	E
	6	9 ~~10~~	13
	~~7~~	~~0~~	~~3~~
−	2	8	5
	4	1	8

Sprich so:

E: 3 Einer minus 5 Einer geht nicht. Es gibt keinen Zehner zum Tauschen. Deshalb tausche ich zuerst einen Hunderter in 10 Zehner und behalte 6 Hunderter. Nun tausche ich einen Zehner in 10 Einer und behalte 9 Zehner.
13 Einer minus 5 Einer gleich 8 Einer. Schreibe 8.

Z: 9 Zehner minus 8 Zehner gleich 1 Zehner. Schreibe 1.

H: 6 Hunderter minus 2 Hunderter gleich 4 Hunderter. Schreibe 4.

a)

	H	Z	E
	5	0	4
−	3	0	9

b)

	H	Z	E
	6	0	3
−	2	0	7

c)

	H	Z	E
	7	0	0
−	3	7	8

d)

	H	Z	E
	8	0	0
−	6	4	7

★ leiten aus dem Tauschvorgang die Möglichkeit des Abziehens einzelner Stellenwerte ab
★ übertragen den Tauschvorgang in die rechnerische Ausführung, die passende Notation und Sprechweise
★ übertragen Kenntnisse des Tauschens, der Notation und der Sprechweise auf mehrfache Stellenübergänge

Schreib- und Sprechweise beim mehrfachen Stellenübergang üben

1 Übertrage die Aufgaben in die Stellentafeln und berechne durch Abziehen. Sprich zu den einzelnen Rechenschritten. Kontrolliere selbst.

a) 452 – 288

	H	Z	E
	3	14 ~~4~~	12
	~~4~~	~~5~~	~~2~~
–	2	8	8
	1	6	5

b) 824 – 565

c) 563 – 387

d) 372 – 185

e) 613 – 278

f) 954 – 665

g) 831 – 576

h) 742 – 285

i) 654 – 466

k) 845 – 458

l) 333 – 187

m) 536 – 488

n) 735 – 596

48 139 146 ~~165~~ 176 187 188 255 259 289 335 387 457

⋆ übertragen den Tauschvorgang in die rechnerische Ausführung, die passende Notation und Sprechweise
⋆ übertragen Kenntnisse des Tauschens, der Notation und der Sprechweise auf mehrfache Stellenübergänge

Die Differenz berechnen – Ergänzen

Lea wünscht sich das Fahrrad für 354 €. Sie hat schon 231 € gespart. Sie überlegt, wie viel Geld ihr noch fehlt, und rechnet mit einer Ergänzungsaufgabe:

231 € + ■ € = 354 €

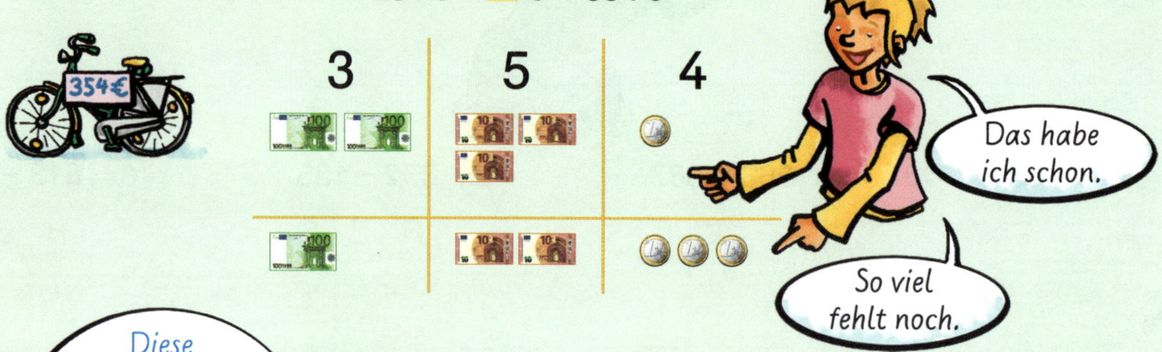

	H	Z	E
	3	5	4
–	2	3	1
	1	2	3

1 plus 3 gleich 4
3 plus 2 gleich 5
2 plus 1 gleich 3

1 Wie viel Geld fehlt Lea für die anderen Fahrräder?
Schreibe, rechne und sprich wie Einstern.
Bitte ein anderes Kind, deine Sprechweise zu überprüfen.

a)

	H	Z	E
	2	4	5
–	2	3	1
			4

b)

	H	Z	E
	4	6	8
–	2	3	1

c)

	H	Z	E
	3	8	9
–	2	3	1

d)

	H	Z	E
	2	9	8
–	2	3	1

→ 4 7 12 → 18 7 1 9 → 8 4 10 3 15

9 7 8

⋆ übersetzen Problemstellungen einer Sachsituation in ein mathematisches Modell
⋆ übertragen ihre Erkenntnisse, indem sie eine Subtraktionsaufgabe in eine additive Ergänzung umwandeln
⋆ legen Geldbeträge mit Rechengeld stellengerecht untereinander und erkennen die Ergänzungsmöglichkeit

Schreib- und Sprechweise beim Ergänzungsverfahren anwenden

Ergänzen

574 – 351 = ▢

Beachte:
Beginne bei den Einern.
Rechne von unten nach oben.

1 Berechne das Ergebnis durch Ergänzen. Sprich dazu wie Einstern.

a)
```
  3 5 6
– 1 2 4
-------
      2
```
b)
```
  5 4 8
– 3 1 6
-------
```
c)
```
  7 5 6
– 2 4 3
-------
```
d)
```
  9 8 6
– 3 7 4
-------
```
e)
```
  4 8 9
– 2 0 6
-------
```

2 Schreibe die Zahlen untereinander und berechne das Ergebnis durch Ergänzen. Sprich dazu wie Einstern.

a) 785 – 342
```
  7 8 5
- 3 4 2
-------
  4 4 3
```
b) 398 – 174

c) 968 – 423

d) 684 – 403

e) 547 – 135

3 Löse die Zahlenrätsel.

a) Subtrahiere 256 von 489.

b) Berechne den Unterschied zwischen 675 und 234.

c) Welche Zahl musst du von 578 subtrahieren, um 324 zu erhalten?

⋆ schreiben Zahlen stellengerecht untereinander
⋆ subtrahieren im Ergänzungsverfahren mit vorgegebener Sprech- und Schreibweise
⋆ übertragen Zahlenrätsel in adäquate Rechenoperationen und wenden Fachbegriffe richtig an

→ Ü Seite 31

Die Differenz berechnen - Ergänzen üben

Ergänzen

1 Übertrage die Aufgaben in die Stellentafeln und berechne durch Ergänzen. Sprich zu den einzelnen Rechenschritten. Beginne immer mit den Einern. Kontrolliere selbst.

a) 567 – 354

	H	Z	E
	5	6	7
–	3	5	4
	2	1	3

b) 349 – 125

	H	Z	E
–			

c) 967 – 642

	H	Z	E
–			

d) 884 – 542

	H	Z	E
–			

e) 459 – 42

	H	Z	E
–			

f) 697 – 546

	H	Z	E
–			

g) 759 – 432

	H	Z	E
–			

h) 584 – 253

	H	Z	E
–			

i) 276 – 155

	H	Z	E
–			

k) 459 – 307

	H	Z	E
–			

l) 588 – 308

	H	Z	E
–			

m) 984 – 703

	H	Z	E
–			

n) 867 – 46

	H	Z	E
–			

o) 754 – 532

	H	Z	E
–			

p) 697 – 74

	H	Z	E
–			

r) 459 – 359

	H	Z	E
–			

100 121 151 152 ~~213~~ 222 224 280 281 325 327 331 342 417 623 821

* subtrahieren im Ergänzungsverfahren mit vorgegebener Sprech- und Schreibweise

Schreib- und Sprechweise beim Stellenübergang kennenlernen

Ergänzen

1 Berechne durch Ergänzen und sprich wie im Beispiel.
Bitte ein anderes Kind, deine Sprechweise zu überprüfen.

	H	Z	E
			10
	3	7	2
–	2	2	7
		1	
	1	4	5

Sprich so:

E: 7 plus 5 gleich 12. Schreibe 5, übertrage 1.

Z: 3 plus 4 gleich 7. Schreibe 4.

H: 2 plus 1 gleich 3. Schreibe 1.

a)

	H	Z	E
	6	8	2
–	2	4	7

b)

	H	Z	E
	4	9	1
–	2	6	3

c)

	H	Z	E
	5	7	2
–	3	5	5

d)

	H	Z	E
	8	6	2
–	5	4	8

2 Berechne durch Ergänzen und sprich wie im Beispiel.
Bitte ein anderes Kind, deine Sprechweise zu überprüfen.

	H	Z	E
		10	
	6	5	3
–	3	7	2
	1		
	2	8	1

Sprich so:

E: 2 plus 1 gleich 3. Schreibe 1.

Z: 7 plus 8 gleich 15. Schreibe 8, übertrage 1.

H: 4 plus 2 gleich 6. Schreibe 2.

a)

	H	Z	E
	7	3	4
–	2	6	3

b)

	H	Z	E
	4	2	7
–	1	8	5

c)

	H	Z	E
	8	3	8
–	5	7	3

d)

	H	Z	E
	6	4	9
–	3	9	3

★ übertragen ihre bisherigen Kenntnisse über die schriftliche Subtraktion im Ergänzungsverfahren auf Aufgaben mit Stellenübergang
★ erweitern ihre Erkenntnisse bei der Sprech- und Schreibweise auf Aufgaben mit Stellenübergang

Schreib- und Sprechweise beim Ergänzungsverfahren üben

Ergänzen

1 Übertrage die Aufgaben in die Stellentafeln und berechne durch Ergänzen. Sprich zu den einzelnen Rechenschritten. Kontrolliere selbst.

a) 453 – 238

	H	Z	E
			10
	4	5	3
–	2	3	8
		1	
	2	1	5

b) 682 – 308

c) 764 – 327

d) 392 – 35

e) 575 – 359

f) 951 – 634

g) 251 – 27

h) 873 – 535

i) 358 – 174

	H	Z	E
		10	
	3	5	8
–	1	7	4
	1		
	1	8	4

k) 527 – 280

l) 768 – 284

m) 419 – 87

n) 636 – 475

o) 847 – 563

p) 973 – 480

r) 386 – 192

161 184 194 215 216 224 247 284 317 332 338 357 374 437 484 493

* übertragen ihre bisherigen Kenntnisse über die schriftliche Subtraktion im Ergänzungsverfahren auf Aufgaben mit Stellenübergang
* erweitern ihre Erkenntnisse bei der Sprech- und Schreibweise auf Aufgaben mit Stellenübergang

Mehrfachen Stellenübergang kennenlernen und üben

Ergänzen

1 Betrachte den mehrfachen Stellenübergang.
Berechne durch Ergänzen und sprich wie im Beispiel.
Bitte ein anderes Kind, deine Sprechweise zu überprüfen.

Mit mehreren Übertragszahlen beim Ergänzungsverfahren rechnen

	H	Z	E
		10	10
	6	5	3
−	2	8	4
	1	1	
	3	6	9

Sprich so:

E: 4 plus 9 gleich 13. Schreibe 9, übertrage 1.

Z: 9 plus 6 gleich 15. Schreibe 6, übertrage 1.

H: 3 plus 3 gleich 6. Schreibe 3.

a)

	H	Z	E
	9	5	4
−	3	8	9

b)

	H	Z	E
	6	4	2
−	3	9	7

c)

	H	Z	E
	5	6	4
−	2	8	7

d)

	H	Z	E
	7	4	3
−	2	6	5

2 Beim Ergänzen einer Zahl mit 0 Zehnern gehst du wie bisher vor.
Berechne durch Ergänzen und sprich wie im Beispiel.
Bitte ein anderes Kind, deine Sprechweise zu überprüfen.

	H	Z	E
		10	10
	7	0	3
−	2	8	5
	1	1	
	4	1	8

Sprich so:

E: 5 plus 8 gleich 13. Schreibe 8, übertrage 1.

Z: 9 plus 1 gleich 10. Schreibe 1, übertrage 1.

H: 3 plus 4 gleich 7. Schreibe 4.

a)

	H	Z	E
	5	0	4
−	3	0	9

b)

	H	Z	E
	8	0	3
−	6	0	9

c)

	H	Z	E
	7	0	0
−	3	7	8

d)

	H	Z	E
	8	0	0
−	6	4	7

* übertragen ihre bisherigen Kenntnisse über die schriftliche Subtraktion im Ergänzungsverfahren auf Aufgaben mit mehrfachem Stellenübergang
* erweitern ihre Erkenntnisse bei der Sprech- und Schreibweise auf mehrfache Stellenübergänge

1 Übertrage die Aufgaben in die Stellentafeln und berechne durch Ergänzen.
Sprich zu den einzelnen Rechenschritten.
Kontrolliere selbst.

a) 943 – 358

	H	Z	E
		10	10
	9	4	3
–	3	5	8
	1	1	
	5	8	5

b) 514 – 136

	H	Z	E
–			

c) 348 – 179

	H	Z	E
–			

d) 981 – 694

	H	Z	E
–			

e) 523 – 337

	H	Z	E
–			

f) 827 – 349

	H	Z	E
–			

g) 613 – 237

	H	Z	E
–			

h) 435 – 298

	H	Z	E
–			

i) 924 – 237

	H	Z	E
–			

k) 634 – 376

	H	Z	E
–			

l) 472 – 187

	H	Z	E
–			

m) 578 – 389

	H	Z	E
–			

n) 746 – 378

	H	Z	E
–			

137 169 186 189 258 285 287 368 376 378 478 ~~585~~ 687

* übertragen ihre bisherigen Kenntnisse über die schriftliche Subtraktion im Ergänzungsverfahren auf Aufgaben mit mehrfachem Stellenübergang
* erweitern ihre Erkenntnisse bei der Sprech- und Schreibweise auf mehrfache Stellenübergänge

Subtrahieren mit einem Stellenübergang üben

1 Schreibe die Zahlen untereinander. Rechne und sprich dazu auf deine Art (abziehen oder ergänzen).

a) 638 – 276 b) 547 – 219 c) 548 – 329 d) 519 – 378 e) 689 – 493

a)
```
  6 3 8
- 2 7 6
_______
```

2 Ergänze die fehlenden Ziffern.

a)
```
    5 12
  8 6 2
- 2 2 9
_______
  6 3 3
```

b)
```
  4 _ 6
- _ 2 8
_______
  1 3 _
```

c)
```
  _ 1 _
- 5 _ 2
_______
  3 3 3
```

d)
```
  4 _ 5
- _ 1 7
_______
  2 1 _
```

e)
```
  6 _ 2
- _ 6 _
_______
  2 2 7
```

3 Berechne immer den Unterschied (die Differenz) der beiden Zahlen.

a) 785 492 b) 913 452 c) 149 367 d) 738 262 e) 249 498

a)
```
  7 8 5
- 4 9 2
_______
      3
```

4 Löse die Zahlenrätsel mithilfe der schriftlichen Addition und Subtraktion.

a) Berechne zuerst die Summe von 315 und 268, subtrahiere dann 158.

b) Berechne die Differenz von 719 und 543, addiere dann 286.

→ Ü Seite 32

⋆ übertragen ihre Kenntnisse auf komplexere Aufgabenstellungen
⋆ verwenden Fachbegriffe situationsangemessen

1 Kennzeichne zuerst die passenden Aufgaben. Löse sie.

a) 4 Aufgaben ohne Stellenübergang

b) 4 Aufgaben mit einem Stellenübergang

c) 4 Aufgaben mit zwei Stellenübergängen

			789 − 357	694 − 356
931 − 564	637 − 514	728 − 453	506 − 274	800 − 376
968 − 654	761 − 423	537 − 379	894 − 382	825 − 678

2 Bilde selbst Minusaufgaben. Wähle die Zahlen 507 284 352 903 710 so, dass die folgenden Aufgaben entstehen.

a) Aufgaben mit einem Stellenübergang

b) Aufgaben mit zwei Stellenübergängen

3 Bilde aus den Ziffern jeweils die größte und die kleinste Zahl und schreibe Minusaufgaben auf.

a) 3 7 4

b) 6 5 2

c) 9 6 8

★ wenden ihre mathematischen Kenntnisse, Fähigkeiten und Fertigkeiten bei der Bearbeitung herausfordernder und unbekannter Aufgaben an
★ erkennen mathematische Zusammenhänge und begründen diese

→ Ü Seiten 33 und 34

Schriftliches Subtrahieren üben (2)

1 Löse die Aufgaben. Male die Felder mit den Ergebniszahlen aus.

a)
356 − 243 = 113
798 − 225 =
497 − 352 =
548 − 236 =
547 − 236 =

b)
876 − 359 =
746 − 529 =
536 − 218 =
927 − 618 =
433 − 215 =

c)
749 − 386 =
627 − 453 =
817 − 542 =
918 − 563 =
716 − 583 =

d)
624 − 458 =
825 − 657 =
731 − 485 =
902 − 576 =
521 − 378 =

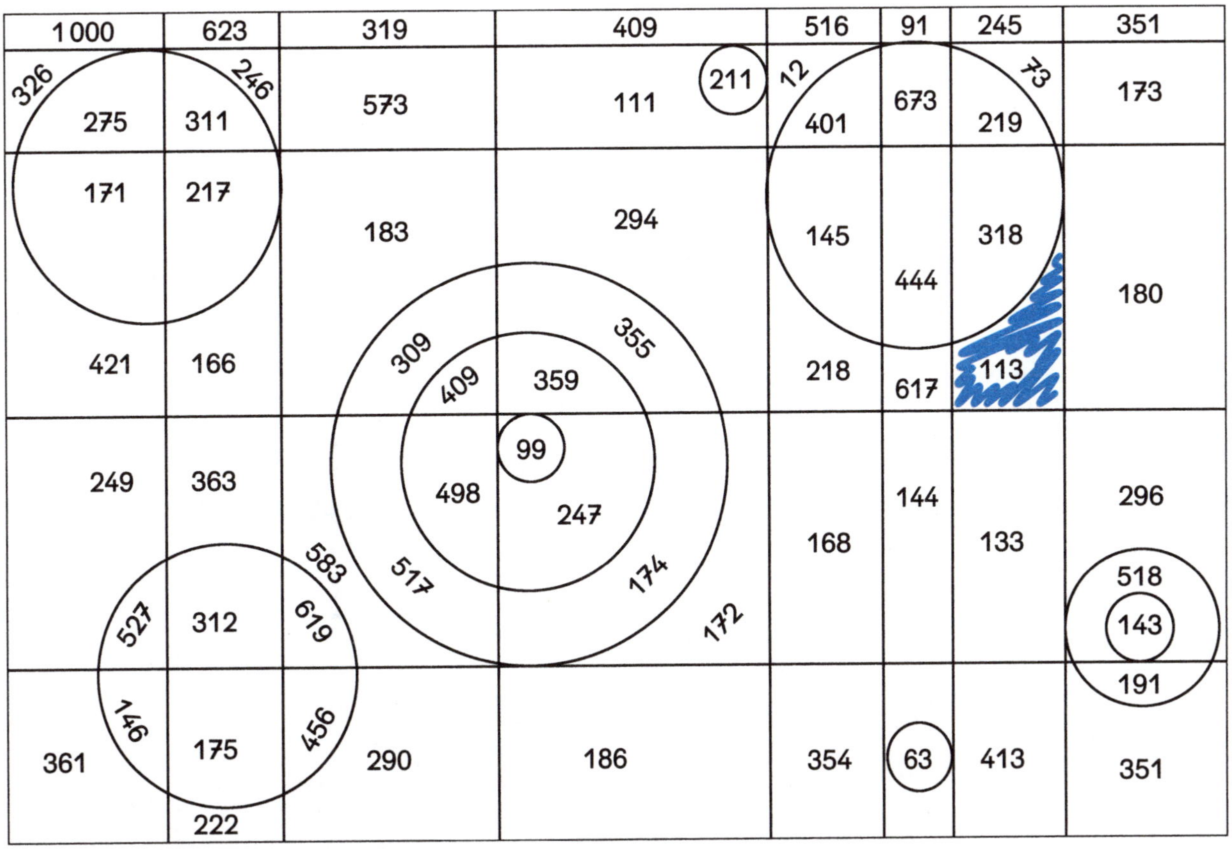

* übt das bevorzugte Verfahren der schriftlichen Subtraktion

1 Bilde aus den Ziffern 6 3 5 alle möglichen dreistelligen Zahlen.

a) Bilde mit diesen Zahlen die Minusaufgabe mit dem kleinsten und die mit dem größten Unterschied (der Differenz).

–

–

b) Besprich deine Lösungen mit einem anderen Kind.

2 Finde für jede Ziffer die richtige Stelle und ergänze die Rechnung. Kontrolliere deine Lösung mit der Umkehraufgabe.

a) 5 4 6

```
  8 9 6
–           +
  4 3 1
```

b) 6 0 5

```
– 3 0 6
  2 5 4
```

c) 2 5 5 0

```
      4
– 3
  2 2 5
```

3 Finde selbst Aufgaben, die zu den angegebenen Ergebnissen passen. Finde jeweils zwei Lösungen.

a)

```
–          –
  2 3 1      2 3 1
```

b)

```
–          –
  4 4 4      4 4 4
```

c)

```
–          –
  3 8 6      3 8 6
```

4 Trage in jedes Kästchen der Ergebniszahl eine beliebige Ziffer von 0 bis 9 ein.

Finde nun Aufgaben, die zu diesem Ergebnis passen. Suche mehrere Lösungen.

–

* wenden ihre mathematischen Kenntnisse, Fähigkeiten und Fertigkeiten bei der Bearbeitung herausfordernder Aufgaben an
* bilden Aufgaben unter Beachtung unterschiedlicher Vorgaben
* probieren systematisch und überprüfen ihre Ergebnisse

Besondere Minusaufgaben bilden und lösen

1 Suche dir ein anderes Kind. Würfelt mit zwei und mit drei Würfeln. Bildet aus den gewürfelten Zahlen Minusaufgaben, schreibt sie auf und löst sie.

2 Ergänze die fehlenden Ziffern, setze die Aufgabenreihe fort und bestimme die Ergebnisse mit einem anderen Kind.

8 7 6	7 6 ☐	6 ☐ ☐				
− 7 7 7	− 6 6 6	− 5 5 5	−	−	−	−

3 Wähle aus den Ziffern 1 2 3 4 5 6 7 8 9 …

a) … drei Ziffern aus und bilde daraus die größte und die kleinste dreistellige Zahl: ☐ ☐ ☐ ☐ ☐

−

b) Berechne den Unterschied (die Differenz) der beiden Zahlen:

c) Bilde aus den Ziffern der Differenz wieder die größte und die kleinste Zahl. Setze dies immer so fort und subtrahiere.

d) Wiederhole die Schritte a) bis c) für ein weiteres Zahlenpaar.

e) Besprich deine Ergebnisse mit einem anderen Kind. Was fällt euch auf? Sucht Begründungen.

IRI-Zahlen kennenlernen und subtrahieren

1 Erkläre einem anderen Kind, was das Besondere der IRI-Zahlen ist.

2 Schreibe alle IRI-Zahlen auf. Überlege dir, wie du vorgehen kannst, damit du keine Zahl vergisst.

Seite 32 Aufgabe 2
1 2 1, ...

3 Subtrahiere mit IRI-Zahlen.

a) Notiere fünf Minusaufgaben mit IRI-Zahlen und löse sie.

b) Besprich mit einem anderen Kind, was dir auffällt.

Seite 32 Aufgabe 3
a) ...

4 Löse die Aufgaben.

a) Löse die Aufgabenreihen und setze sie fort.

A	212 − 121	323 − 232	434 − 343	...
B	313 − 131	424 − ■■■	■■■ − ■■■	...
C	■■■ − 141 273	■■■ − ■■■ 273	■■■ − ■■■ 273	...

Seite 32 Aufgabe 4
a) A
212
− 121
...
⋮

b) Welches Muster entdeckst du? Erkläre es einem anderen Kind.

* beschreiben arithmetische Muster und deren Gesetzmäßigkeit
* entwickeln arithmetische Muster, setzen diese fort und verändern sie systematisch

1 Überlege, welchen Rechenweg du wählen würdest. Kreise ein und ergänze.

a) 703 – 398 = ☐ | 703 - 400 + 2 | 703 - 398 | 700 - 400 + 3 + 2 | ( )

b) 857 – 491 = ☐ | 857 - 500 + 9 | 857 - 491 … 857 - 400 … ⋮ | 857 - 491 | ( )

c) 954 – 263 = ☐ | 954 - 263 | 963 - 263 - 9 | 954 - 263 … 954 - 200 … ⋮ | ( )

d) 399 – 225 = ☐ | 400 - 225 - 1 | 399 - 225 | 400 - 226 | ( )

e) Schreibe eine kurze Begründung für deine Wahl der Rechenwege bei den Aufgaben a) bis d) auf.

a) ______

b) ______

c) ______

d) ______

2 Erkläre einem anderen Kind, warum Meral die Aufgabe einfach lösen kann.

3 Überlege, welche Aufgaben du im Kopf und welche du schriftlich rechnest. Begründe und vergleiche mit den Überlegungen eines anderen Kindes.

695 – 339 = ☐ | 420 – 370 = ☐ | 699 – 352 = ☐ | 578 – 200 = ☐ | 349 – 249 = ☐

4 Löse die Aufgaben auf deine Art, schriftlich oder im Kopf. Schreibe deinen Rechenweg auf.

a) 411 – 105 = ☐ b) 976 – 560 = ☐ c) 865 – 478 = ☐

d) 638 – 399 = ☐ e) 753 – 503 = ☐ f) 838 – 318 = ☐

Seite 33 Aufgabe 4
a) …

→ 40 20 90 → 10 80 30 50 → 70 50 10 80 40 | 50 40 30 ☆

Die eigene Rechnung überprüfen (1)

1 Beschreibe einem anderen Kind, wie du überprüfst. Begründe deine Wahl.

2 Löse die Aufgaben und überprüfe dein Ergebnis mit der Umkehraufgabe.

a)
```
  672
− 458      +
_____   _____
```

b)
```
  405
− 278      +
_____   _____
```

c)
```
  900
− 458      +
_____   _____
```

3 Löse die Aufgaben. Schreibe die Überschlagsrechnung (Ü) dazu und überprüfe zusätzlich die Endziffer (EZ).

a)
```
  591
− 268
_____
```
Ü: ____________

EZ: ____________

b)
```
  436
− 257
_____
```
Ü: ____________

EZ: ____________

c)
```
  825
− 679
_____
```
Ü: ____________

EZ: ____________

4 Richtig oder falsch? Überprüfe die Rechnungen. Schreibe auf, wie du überprüfst.

a)
```
  852
− 658
_____
  104
```

b)
```
  793
− 513
_____
  413
```

c)
```
  806
− 419
_____
  449
```

5 Überlege, was beim schriftlichen Subtrahieren wichtig ist. Schreibe auf, was dir dabei leichtfällt. Notiere, was du immer besonders beachten musst.

* vergleichen unterschiedliche Formen der Ergebniskontrolle und bewerten diese

→ Ü Seite 35

Die eigene Rechnung überprüfen (2)

1 Berechne erst eine Aufgabe. Suche dann die passende Umkehraufgabe. Umkreise die passenden Aufgaben in der gleichen Farbe. Berechne dann die Umkehraufgabe.

532 − 358 = 174	489 + 498	123 + 289	905 − 867	987 − 498
347 + 476	412 − 289	174 + 358	823 − 476	38 + 867

2 Verbinde jede schriftliche Rechnung mit der passenden Überschlagsrechnung. Rechne dann alle Aufgaben aus.

480 − 360 = ___ 830 − 450 = ___

930 − 410 = ___ 970 − 580 = ___

482 − 356	795 − 478	926 − 413	827 − 193	834 − 453	968 − 576
		693 − 513	326 − 219		

690 − 510 = ___ 330 − 220 = ___

800 − 480 = ___ 830 − 190 = ___

3 Umkreise die Aufgaben blau, bei denen du einmal tauschen musst oder nur einen Übertrag hast. Umkreise die Aufgaben gelb, bei denen du zweimal tauschen musst oder zwei Überträge hast. Rechne dann. Die Ergebnisse findest du im Stern.

783 − 457	526 − 387	628 − 453	435 − 258

Stern: 139, 326, 177, 175

⋆ nutzen unterschiedliche Formen der Ergebniskontrolle

1 Überprüfe die Ergebnisse mithilfe der Umkehraufgabe.
Wenn das Ergebnis falsch ist, bestimme die richtige Lösung.

a)

	9	4	8
−	3	7	9
	4	5	9 f

	4	5	9
+	3	7	9
	1	1	
	8	3	8

	9	4	8
−	3	7	9

b)

	6	1	2
−		7	4
	1	3	8

c)

	5	3	6
−	2	7	3
	3	6	3

d)

	7	3	1
−	5	7	5
	2	6	6

2 Überprüfe die Ergebnisse mithilfe der Umkehraufgabe.

a)

	2	8	6
+	3	9	5
	5	7	1 f

	4	16 ~~6~~	11
	~~5~~	~~7~~	~~1~~
−	3	9	5
	1	7	6

	2	8	6
+	3	9	5

b)

	2	3	7
+	3	5	4
	5	8	1

c)

	8	0	5
+	1	3	8
	8	4	3

d)

	2	5	7
+	4	8	6
	6	4	3

3 Überprüfe die Aufgaben. Vier Ergebnisse sind falsch.
Korrigiere sie und gib an, welcher Fehler gemacht wurde.

A: Addition statt Subtraktion
B: Tauschen oder Übertrag vergessen
C: Fehler beim Subtrahieren
D: Aufgaben falsch untereinandergeschrieben

a)

	5	8	3
−	2	5	7
	3	3	6

Fehler: ___
Tipp: ___

b)

	9	5	3
−	6	6	7
	2	8	6

Fehler: ___
Tipp: ___

c)

	6	4	3
−	2	7	4
	9	1	7

Fehler: ___
Tipp: ___

d)

	8	5	3
−	6	8	
	1	7	3

Fehler: ___
Tipp: ___

e)

	9	2	4
−	7	6	2
	1	6	1

Fehler: ___
Tipp: ___

4 Finde gemeinsam mit einem anderen Kind für jede falsche Aufgabe bei **3** den passenden Tipp:
1 richtig subtrahieren 2 stellengerecht untereinanderschreiben 3 Übertrag beachten

* überprüfen Ergebnisse, finden und korrigieren Fehler
* kategorisieren unterschiedliche Fehlerquellen und leiten Vermeidungsstrategien ab

1 Schulkinder in Rotfelden und Blautal

Schule Rotfelden

Schuljahr	1	2	3	4
Jungen	29	25		27
Mädchen	26		22	
insgesamt		53	48	56

Schule Blautal

Schuljahr	1	2	3	4
Jungen		40		38
Mädchen	35		41	
insgesamt	68	75	84	77

a) Berechne die fehlenden Zahlen.

b) Finde passende Rechnungen und Antworten.

Wie viele Kinder gehen insgesamt in Rotfelden und in Blautal zur Schule?

R:

A:

Wie groß ist der Unterschied der Schulkinderzahlen der beiden Schulen?

R:

A:

2 Am Ende der Woche erstellt der Hausmeister der Schule in Blautal eine Übersicht zum Getränkeverbrauch. Ergänze.

					insgesamt
Lieferung am Montag	250	225	175		750
Verkauf während der Woche		198		87	
Bestand am Wochenende	21		78		

1 Der Bibliothekar der Rotfeldener Gemeindebücherei zählt:

	Sachbücher	Kinderbücher	Romane
Bestand	335	254	831
davon vorhanden	197	176	656
ausgeliehen			

a) Berechne, wie viele Bücher jeweils ausgeliehen sind.

b) Suche weitere Fragen und beantworte sie.

Seite 38 Aufgabe 1
b) ...

2 Bestimme zuerst die fehlenden Mitgliederzahlen der Vereine in Rotfelden. Berechne dann die Unterschiede zwischen den Mitgliederzahlen.

	Sportverein	Musikverein	Tennisverein
Jugendliche		157	159
Erwachsene	479	316	
insgesamt	861		387

Unterschiede:

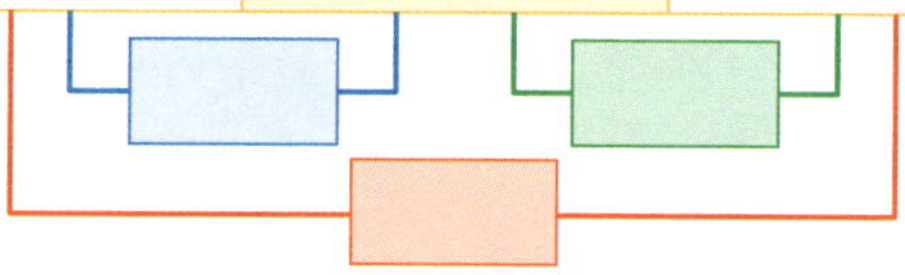

3 Der Pförtner des Blautaler Museums zählt die Besucher. Jeden Abend zeichnet er ein Schaubild. Bestimme die Besucherzahlen für jeden Tag und für die ganze Woche.

Dienstag:	173
Mittwoch:	
Donnerstag:	
Freitag:	
Samstag:	
Sonntag:	
Gesamte Woche	

* entnehmen in Tabellen dargestellten Sachsituationen relevante Informationen und übersetzen diese in die Sprache der Mathematik
* wenden die Verfahren der schriftlichen Addition und Subtraktion an

Mit Sachsituationen umgehen (3)

1 Tim steigt auf einen hohen Turm, der 387 Stufen hat.
Nach 178 Stufen will er wissen, wie viele Stufen er noch vor sich hat.

R:

A: ______________________

2 Herr Bauer hat für seine Einfahrt insgesamt 480 Betonsteine bestellt.
Für ein Muster benötigt er 198 schwarze Steine. Die restlichen Steine sind grau.
Wie viele graue Steine bekommt er geliefert?

R:

A: ______________________

3 Die Kinder der Klasse 3 b haben insgesamt 432 Briefmarken gesammelt.
259 davon sind deutsche Briefmarken und 148 sind Briefmarken aus Europa.
Wie viele Briefmarken aus nicht europäschen Ländern haben sie?

R:

A: ______________________

4 Beim Zirkus Pimpernelli wurden am Wochenende insgesamt 205 Besucher gezählt.
25 hatten eine Freikarte. Es wurden für Erwachsene 40 Eintrittskarten weniger als für Kinder verkauft. Wie viele Eintrittskarten wurden für Kinder verkauft?

R:

A: ______________________

→ 30 20 10 → 80 30 50 20 → 60 30 10 80 90

30 20 60

⋆ entnehmen Sachsituationen relevante Informationen und übersetzen sie in die Sprache der Mathematik
⋆ wenden das Verfahren der schriftlichen Subtraktion an

Ergebnisse der Bundesjugendspiele auswerten

Bundesjugendspiele – Leichtathletik – Mädchen
Punktetabelle

Schlag-ball-weit-wurf	Meter	7,0	7,5	8,0	8,5	9,0	9,5	10,0	10,5	11,0	11,5	12,0	12,5	13,0	13,5	14,0	14,5	15,0	15,5	16,0	16,5	17,0	17,5	18,0	18,5	19,0
	Punkte	71	81	92	102	111	121	130	139	147	156	164	173	181	188	196	204	211	218	226	233	240	247	253	260	267
	Meter	19,5	20,0	20,5	21,0	21,5	22,0	22,5	23,0	23,5	24,0	24,5	25,0	25,5	26,0	26,5	27,0	27,5	28,0	28,5	29,0	29,5	30,0	30,5	31,0	31,5
	Punkte	273	280	286	292	299	305	311	317	323	329	334	340	346	351	357	363	368	373	379	384	389	395	400	405	410

50-m-Lauf	Sekunden	13,4	13,3	13,2	13,1	13,0	12,9	12,8	12,7	12,6	12,5	12,4	12,3	12,2	12,1	12,0	11,9	11,8	11,7	11,6	11,5	11,4	11,3	11,2	11,1	11,0
	Punkte	2	6	10	15	19	23	28	32	37	41	46	51	56	61	66	71	76	81	87	92	98	103	109	115	121
	Sekunden	10,9	10,8	10,7	10,6	10,5	10,4	10,3	10,2	10,1	10,0	9,9	9,8	9,7	9,6	9,5	9,4	9,3	9,2	9,1	9,0	8,9	8,8	8,7	8,6	8,5
	Punkte	127	133	139	146	152	159	166	172	179	187	194	201	209	217	225	233	241	249	258	267	276	285	294	304	314

Weit-sprung	Meter	2,21	2,25	2,29	2,33	2,37	2,41	2,45	2,49	2,53	2,57	2,61	2,65	2,69	2,73	2,77	2,81	2,85	2,89	2,93	2,97	3,01	3,05	3,09	3,13	3,17
	Punkte	188	195	201	208	214	220	226	232	238	245	250	256	262	268	274	280	285	291	297	302	308	313	319	324	330
	Meter	3,21	3,25	3,29	3,33	3,37	3,41	3,45	3,49	3,53	3,57	3,61	3,65	3,69	3,73	3,77	3,81	3,85	3,89	3,93	3,97	4,01	4,05	4,09	4,13	4,17
	Punkte	335	340	346	351	356	362	367	372	377	382	387	392	397	402	407	412	417	422	427	432	437	441	446	451	456

Alter	Siegerurkunde (SU)	Ehrenurkunde (EU)
8 Jahre	ab 450 Punkte	ab 575 Punkte
9 Jahre	ab 525 Punkte	ab 675 Punkte
10 Jahre	ab 600 Punkte	ab 775 Punkte

1 Beantworte die Fragen. Schreibe Rechnungen und Antworten auf.

a) Berechne, wie viele Punkte den Mädchen zu einer Siegerurkunde und zu einer Ehrenurkunde fehlen.

Maja, 9 Jahre: 478 Punkte

Lea, 10 Jahre: 513 Punkte

Seite 40 Aufgabe 1

a) Maja *b) ...*

R: SU: 525 − 478 = 47 EU: ...

A: ...

b) Lisa, 9 Jahre, hat folgende Ergebnisse erzielt:
Weitsprung: 3,17 m, 50-m-Lauf: 11,2 s
Berechne, wie viele Punkte sie erreicht hat.

c) Wie viele Punkte fehlen ihr noch für eine Siegerurkunde und wie viele Punkte fehlen ihr noch für eine Ehrenurkunde?

d) Wie weit muss sie mindestens werfen, um eine Siegerurkunde zu erhalten und wie weit für eine Ehrenurkunde?

2 Schreibe selbst Rechengeschichten. Bitte ein anderes Kind, passende Rechnungen und Antworten zu finden.

Seite 40 Aufgabe 2

...

* entnehmen Tabellen relevante Daten und ziehen sie zur Beantwortung von Fragen heran
* formulieren zu schülerrelevanten Situationen Rechengeschichten und mathematische Fragestellungen

Geldbeträge bestimmen und zusammenstellen

1 Lege die einzelnen Beträge einmal mit drei, einmal mit vier und einmal mit fünf Scheinen. Zeichne ein.

a) 500 €

b) 200 €

c) 800 €

d) 750 €

e) 900 €

f) 255 €

2 Finde verschiedene Möglichkeiten, wie du 900 Euro bezahlen kannst.

500 €	200 €	100 €	50 €	20 €	10 €	5 €
1	2	–	–	–	–	–

⋆ wenden ihre mathematischen Kenntnisse, Fähigkeiten und Fertigkeiten bei der Bearbeitung herausfordernder und unbekannter Aufgaben an
⋆ probieren zunehmend systematisch und zielorientiert

Geldbeträge unterschiedlich zusammenstellen

1 Zeichne Geldscheine so, dass sich der genannte Betrag ergibt.

a) 500 €

100 € | ___ | ___

b) 500 €

___ | ___ | ___ | ___

c) 400 €

___ | ___ | ___

d) 400 €

___ | ___ | ___ | ___

e) 250 €

___ | ___ | ___ | ___

f) 250 €

___ | ___ | ___ | ___

g) 300 €

___ | ___ | ___ | ___

h) 180 €

___ | ___ | ___ | ___

2 Ergänze zu 1 000 Euro. Schreibe die Ergänzungsaufgabe auf.

a)

200 € | 100 €

700 € + 300 € = 1 000 €

b)

___ | ___ | ___

___ € + ___ € = 1 000 €

c)

___ | ___ | ___

___ € + ___ € = 1 000 €

d)

___ | ___

___ € + ___ € = 1 000 €

3 Stelle selbst Ergänzungsaufgaben wie in Aufgabe 2 zusammen.

a)

b)

* stellen Geldbeträge nach Vorgaben zusammen und nutzen dabei unterschiedliche Darstellungsformen

Geldbeträge bestimmen, vergleichen und zusammenstellen

1 Lege gemeinsam mit einem anderen Kind unterschiedliche Geldbeträge.
Findet jeweils den größten und den kleinsten Betrag, den ihr legen könnt, mit …

a) … zwei Geldscheinen.

5€ 5€

10€

b) … drei Geldscheinen.

c) … vier Geldscheinen.

d) … zwei verschiedenen Geldscheinen.

e) … drei verschiedenen Geldscheinen.

f) … vier verschiedenen Geldscheinen.

2 Betrachte Kataloge und Prospekte.
Schreibe auf, was du kaufen könntest …

a) … mit 1 000 €. b) … mit 500 €.

c) … mit 200 €. d) … mit 750 €.

Seite 43 Aufgabe 2

a) mit 1 0 0 0 €: … b) …

3 Du kannst zusammen mit anderen Kindern Plakate für 1 000 €, 500 €, 200 €, … gestalten. Ihr könnt Bilder von Gegenständen aus Katalogen und Prospekten aufkleben oder dazu malen.

→ 15 55 35 → 22 88 33 66 → 25 95 45 15 75 50 20 44

⋆ wenden ihre mathematischen Kenntnisse, Fähigkeiten und Fertigkeiten bei der Bearbeitung herausfordernder und unbekannter Aufgaben an
⋆ probieren zunehmend systematisch und zielorientiert

Geldbeträge unterschiedlich notieren (1)

160 Euro 90 Cent = 160,90 Euro
11 Euro 5 Cent = 11,05 Euro

1 Bestimme, welcher Geldbetrag jeweils dargestellt ist.
Schreibe in Euro und Cent und in Komma-Schreibweise.

a) 

160 € 90 ct = 160,90 €

b) 

c) 

d) 

e) 

f) 

2 Schreibe die Beträge auf drei Arten auf:
in Cent, in Euro und Cent, in Komma-Schreibweise.

a) 95 ct

95 ct = 0 € 95 ct = 0,95 €

b) 5 € 79 ct

c) 7 € 15 ct

d) 9,45 €

e) 65 ct

f) 7,05 €

3 Schreibe die Beträge in Komma-Schreibweise der Größe nach geordnet auf.
Beginne jeweils mit dem kleinsten Betrag.

a)

461,15 €	15,42 €
107 € 60 ct	
867 ct	7,40 €

7,40 € <

b)

205 ct	3 € 80 ct
405 €	
3,08 €	35,75 €

* übertragen eine Darstellungsform in eine andere
* verwenden Abkürzungen zu Maßeinheiten und notieren Geldbeträge mit Komma
* vergleichen und ordnen unterschiedliche Angaben zu Geldbeträgen nach ihrem Wert

→ Ü Seite 36

Geldbeträge unterschiedlich notieren (2)

1 Fülle die Tabelle aus.

€	€	ct	ct
2,38	2	38	238
8,07			
9,00			
	5	16	
			704
0,09			
	1	1	
			1 000
	0	17	

2 Verbinde passend.

40,40 €	44 € 40 ct
40,04 €	4 € 4 ct
4,40 €	40 € 40 ct
44,04 €	44 € 4 ct
0,04 €	40 € 4 ct
	4 € 40 ct
	0 € 4 ct

3 Male Preisschilder mit dem gleichen Betrag in der gleichen Farbe aus.
Immer drei Schilder gehören zusammen.

8,50 € | 650 ct | 0,08 € | 8 € 50 ct | 3 € 15 ct | 6 € 15 ct | 6 € 50 ct | 6,50 € | 8,05 € | 3,51 € | 351 ct | 315 ct | 615 ct | 8 € 5 ct | 6,15 € | 805 ct | 8 ct | 0 € 8 ct | 850 ct | 3,15 € | 3 € 51 ct

4 Schreibe mit Komma.

a)		b)		c)	
8 € 1 ct =	8,01 €	50 € 0 ct =	€	4 € 3 ct =	€
81 ct =	€	50 € 5 ct =	€	43 ct =	€
81 € 10 ct =	€	5 € 5 ct =	€	4 € 30 ct =	€
8 € 10 ct =	€	5 ct =	€	40 € 3 ct =	€
8 € 11 ct =	€	50 ct =	€	34 ct =	€

* übertragen eine Schreibweise in eine andere
* verwenden Abkürzungen zu Maßeinheiten und notieren Geldbeträge mit Komma

Rechenschritte auf verschiedene Art darstellen

3,87 € + 4,58 € = ▭ €

7,35 € – 3,57 € = ▭ €

Mai-Lin

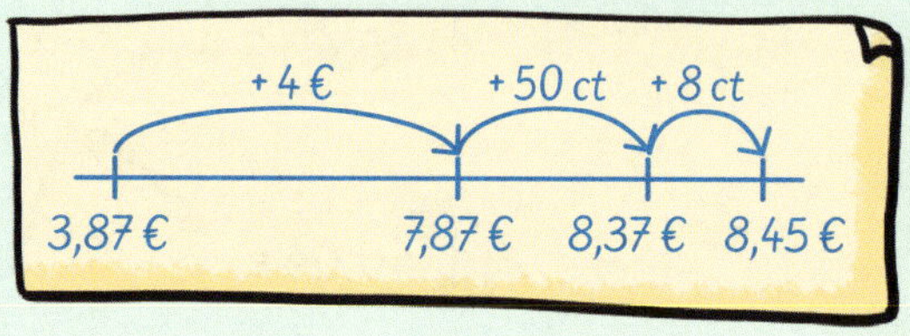

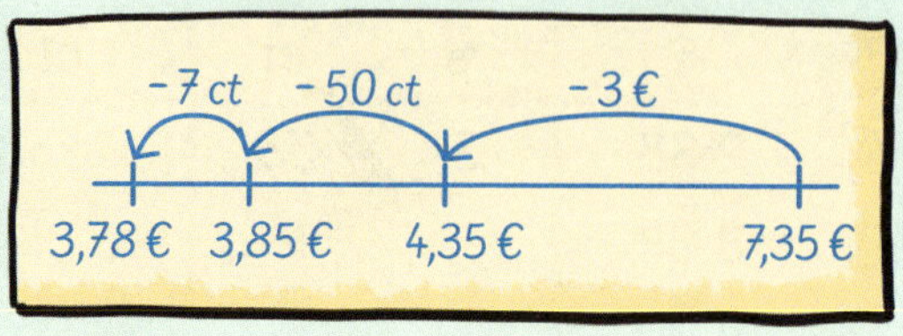

Lea

3 € 87 ct + 4 € 58 ct = ▭

3 € 87 ct + 4 € = 7 € 87 ct
7 € 87 ct + 50 ct = 8 € 37 ct
8 € 37 ct + 8 ct = 8 € 45 ct

7 € 35 ct - 3 € 57 ct = ▭

7 € 35 ct - 3 € = 4 € 35 ct
4 € 35 ct - 50 ct = 3 € 85 ct
3 € 85 ct - 7 ct = 3 € 78 ct

Ole

3 € 87 ct + 4 € + 50 ct + 8 ct = 8 € 45 ct

7 € 35 ct - 3 € - 50 ct - 7 ct = 3,78 €

1 Einstern und die Kinder schreiben ihren Rechenweg unterschiedlich auf.
Wie schreibst du deinen Rechenweg auf?
Besprich deine Überlegungen mit einem anderen Kind.

2 Löse die Aufgaben. Notiere die Rechenschritte auf deine Art.

a) 4,25 € + 2,88 €
b) 3,68 € + 4,75 €
c) 87,35 € + 55,84 €
d) 7,32 € – 5,58 €
e) 6,51 € – 0,89 €
f) 18,44 € – 15,67 €

Seite 46 Aufgabe 2
a) ...

* nutzen, erklären und vergleichen unterschiedliche Rechenwege
* entscheiden passend zu einer Aufgabe, welche Art der Berechnung zur Lösung angemessen ist
* stellen ihre Vorgehensweise dar und begründen sie

→ Ü Seite 37

Rechengeschichten zusammensetzen und lösen

1 Setze die Teile in der passenden Reihenfolge zu einer Rechengeschichte zusammen. Ergänze die Rechnung und den Antwortsatz.

a) A Tim erhält 1,80 € zurück.   B Was kostet der Füller?

C Er bezahlt mit einem 20-€-Schein.   D Tim kauft einen Füller.

D - C -

b) A Sie bezahlt mit einem 10-€-Schein.   B Sie kosten 5,25 €.

C Wie viel bekommt sie zurück?   D Sofie kauft Süßigkeiten.

c) A Er bezahlt mit zwei Scheinen.   B Er erhält 5,15 € zurück.

C Wie hat er bezahlt?   D Sie kosten 14,85 €.   E Ole kauft Bildkarten.

d) A Sie muss noch 40 € sparen.   B Es kostet 215 €.

C Wie viel Geld hat sie schon?   D Lisa möchte ein Fahrrad kaufen.

1 Schreibe zu jeder Zeile der Tabelle eine Rechengeschichte.
Dabei kannst du folgende Fragen verwenden:

Wie viel Geld bekommt sie zurück?
Mit welchem Geldschein bezahlt sie?
Wie hoch ist der Kaufpreis?

Schreibe die passende Rechenaufgabe auf. Löse sie im Kopf. Schreibe einen Antwortsatz.

	Kaufpreis	bezahlt	bekommt zurück
Frau Winter	89,70 €	100 €	
Frau May		200 €	24,20 €
Frau Bauer	36,50 €		13,50 €

Frau Winter

Rechnung:

Antwort:

Frau May

Rechnung:

Antwort:

Frau Bauer

Rechnung:

Antwort:

2 Julia bekommt eine Jacke und Tim eine Hose. Julias Jacke kostet 30 € mehr als die Hose für Tim. Die Mutter gibt insgesamt 120 € aus.

a) Wie viel kostet Julias Jacke?

b) Wie teuer ist Tims Hose?

c) Besprich dein Vorgehen und deine Ergebnisse mit einem anderen Kind.

Seite 48 Aufgabe 2
a) ...

* entnehmen einer Tabelle relevante Informationen
* formulieren mathematische Fragestellungen

→ Ü Seite 38

1 Trage die fehlenden Beträge ein.

a) Rechne im Kopf.

Start						Ende
25 €	spart 12 € (+ 12 €)	€	gibt 15 € aus (–)	€	bekommt 27 €	€
175 €	verliert 34 €	€	verdient 52 €	€	spart 25 €	€
210 €	gewinnt 50 € beim Wettbewerb	€	bekommt 150 € zum Geburtstag	€	kauft ein Fahrrad für 250 €	€
85 €	nimmt beim Flohmarkt 72 € ein	€	bezahlt 15 € Standmiete	€	leiht dem Bruder 25 €	€
160 €	verkauft ihren CD-Player für 20 €	€	kauft für 35 € Geschenke	€	findet 12 € in der Hosentasche	€

b) Rechne schriftlich.

Start						Ende
12,50 €	spart 5,80 € Taschengeld (+)	€	kauft ein Buch für 8,95 €	€	bekommt von der Oma 5,50 €	€

```
  1 2, 5 0 €
+     5, 8 0 €
―――――――――――
```

Start						Ende
18,95 €	verdient 7,30 €	€	gibt 7,99 € aus	€	verliert 50 ct	€

Sachsituationen zum Thema Klassenkasse lösen

11.11.
Laternenumzug
Verkauf Kinderpunsch
Einnahmen: 23,50 €

5.10.
Bewirtung
Elternabend
Ausgaben: 19,95 €

19.12.
Verkauf
von Plätzchen
Einnahmen: 32,80 €

27.11.
Einkauf für
Bastelarbeiten
Ausgaben: 14,20 €

6.10.
Einkauf Draht
für Bastelarbeiten
Ausgaben: 12,40 €

8.12.
Plätzchen backen
Einkauf der Zutaten
Ausgaben: 17,84 €

20.12.
Einkauf für
gemeinsames Frühstück
Ausgaben: 31,75 €

11.11.
Spenden
beim Laternenfest
Einnahmen: 62 €

1 Für die Klassenkasse wird eine Liste mit dem jeweils aktuellen Guthaben geführt. Der letzte Eintrag war am 30.9. Damals betrug das Guthaben 117,80 €.

a) Erstelle die Eintragungen bis zum 20.12., geordnet nach Datum. Ergänze dazu die Tabelle. Schreibe deine Rechnungen darunter auf.

Datum	Einnahme	Ausgabe	Guthaben
30.9.			117,80 €
5.10.		19,95 €	97,85 €

```
   0 10 16 17 10
   1  1  7, 8  0 €
-     1  9, 9  5 €
------------------
      9  7, 8  5 €
```


* entnehmen Textbausteinen relevante Informationen und übertragen diese in eine Tabelle
* lösen Sachsituationen mit Größen

b) Die Klasse plant einen Ausflug. Aus der Klassenkasse sollen dafür 200 € entnommen werden.
Wie viel Geld muss zuvor noch mindestens in die Klassenkasse eingezahlt werden?

c) Überlege, wie die Klasse das fehlende Geld für den Ausflug einnehmen könnte.
Trage deine Überlegungen in die Liste in Aufgabe a) ein.

d) Überlege, wie du mit nur drei Rechnungen das Guthaben am Ende der Eintragungen berechnen kannst. Schreibe diese auf.
Vergleiche dein Ergebnis mit dem Ergebnis bei Aufgabe a).

→ 40 17 28 → 50 25 16 11 → 90 16 32 47 22 68 39 12

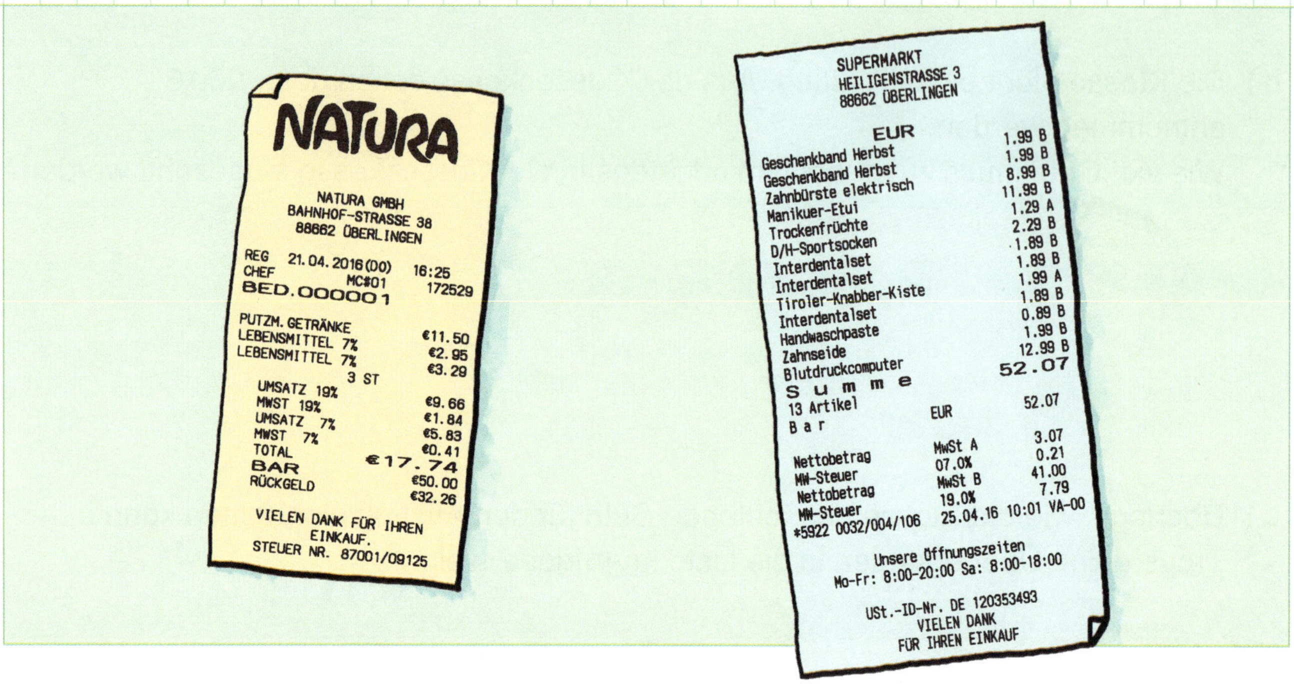
NATURA
NATURA GMBH
BAHNHOF-STRASSE 38
88662 ÜBERLINGEN
REG 21.04.2016 (DO) 16:25
CHEF MC#01 172529
BED.000001
PUTZM. GETRÄNKE €11.50
LEBENSMITTEL 7% €2.95
LEBENSMITTEL 7% €3.29
3 ST
UMSATZ 19% €9.66
MWST 19% €1.84
UMSATZ 7% €5.83
MWST 7% €0.41
TOTAL €17.74
BAR €50.00
RÜCKGELD €32.26
VIELEN DANK FÜR IHREN EINKAUF.
STEUER NR. 87001/09125

SUPERMARKT
HEILIGENSTRASSE 3
88662 ÜBERLINGEN
EUR
Geschenkband Herbst 1.99 B
Geschenkband Herbst 1.99 B
Zahnbürste elektrisch 8.99 B
Manikuer-Etui 11.99 B
Trockenfrüchte 1.29 A
D/H-Sportsocken 2.29 B
Interdentalset 1.89 B
Interdentalset 1.89 B
Tiroler-Knabber-Kiste 1.99 A
Interdentalset 1.89 B
Handwaschpaste 0.89 B
Zahnseide 1.99 B
Blutdruckcomputer 12.99 B
Summe 52.07
13 Artikel EUR 52.07
Bar
Nettobetrag MwSt A 3.07
MW-Steuer 07.0% 0.21
Nettobetrag MwSt B 41.00
MW-Steuer 19.0% 7.79
*5922 0032/004/106 25.04.16 10:01 VA-00
Unsere Öffnungszeiten
Mo-Fr: 8:00-20:00 Sa: 8:00-18:00
USt.-ID-Nr. DE 120353493
VIELEN DANK
FÜR IHREN EINKAUF

1 Kassenzettel auswerten

a) Schreibe auf, was du den einzelnen Kassenzetteln entnehmen kannst. Folgende Stichworte helfen dir:

Einkaufsort, Datum, Uhrzeit, Kassennummer, gekaufte Artikel, Zahlungsart, Kaufsumme, Rückgeld, Mehrwertsteuer, …

b) Suche dir ein Partnerkind. Stellt euch gegenseitig Fragen und beantwortet sie.

c) Schreibt euch Fragen auf Zettel und sortiert sie:
- Die Antwort kann ich auf dem Kassenzettel ablesen.
- Für die Antwort muss ich erst etwas berechnen.
- Hier kann ich nur vermuten.

2 Bäckerei Müller

Brezel	0,65 €	Roggenbrot	2,95 €
5 Brezeln	3,00 €	Vollkornbrot	3,15 €
Brötchen	0,31 €	Mischbrot	1,98 €
Vierkornbrötchen	0,62 €	Dinkelbrot	3,25 €
Roggenbrötchen	0,38 €	Baguette	1,65 €
Laugenstange	0,85 €	Hefezopf	4,85 €

Überlege dir, was du beim Bäcker für deine Familie kaufen könntest. Erstelle selbst einen Kassenzettel mit möglichst genauen Angaben.

* entnehmen relevante Informationen aus verschiedenen Quellen und formulieren dazu mathematische Fragestellungen

Preise vergleichen

1 Tim und Mai-Lin kaufen Hundefutter.
Überlege gemeinsam mit einem anderen Kind, wie ihr die beiden Angebote vergleichen könnt.

a) Welches Angebot ist günstiger?

b) Welche anderen Überlegungen könnten bei der Kaufentscheidung noch wichtig sein?

c) Mai-Lin sagt: „Mit dem Kauf der Großpackung bekommen wir 1 Kleinpackung geschenkt.“ Stimmt das?

2 Betrachtet gemeinsam Prospekte und findet selbst weitere Beispiele. Legt dazu eine Tabelle an.

Seite 53 Aufgabe 2

Produkt	Kleine Packung	Große Packung
Duschgel	1 Flasche 0,79 €	3 Flaschen 1,99 €
...	⋮	⋮

3 Betrachtet eure Aufschriebe in Aufgabe 2.

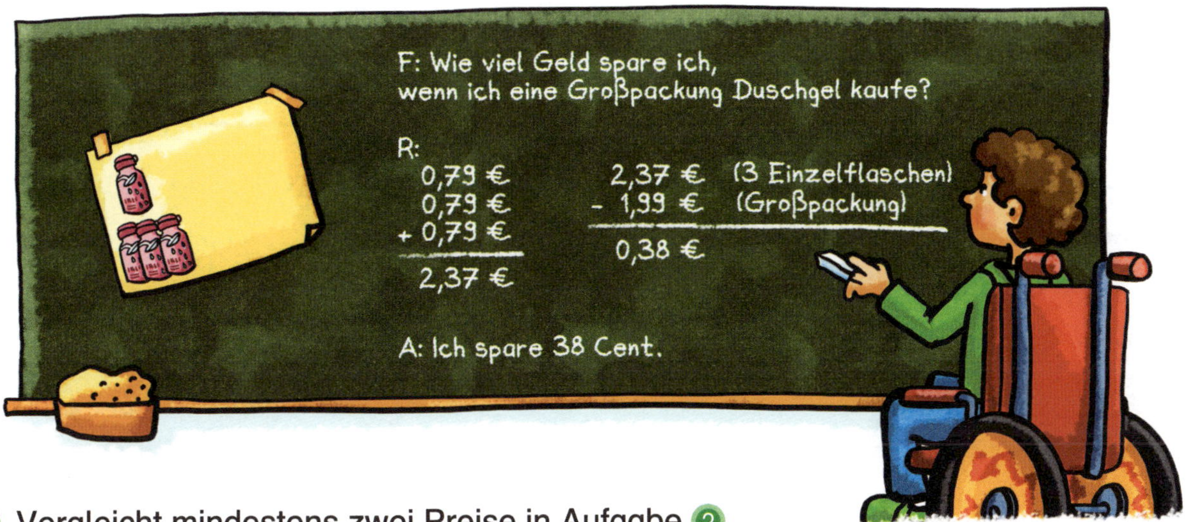

a) Vergleicht mindestens zwei Preise in Aufgabe 2. Berechnet, wie viel ihr jeweils sparen könnt, wenn ihr Großpackungen kauft. Schreibt und rechnet wie Max.

Seite 53 Aufgabe 3
a) ...

b) Erklärt einem anderen Kind eure Rechnungen.

c) Besprecht Vor- und Nachteile von Großpackungen.

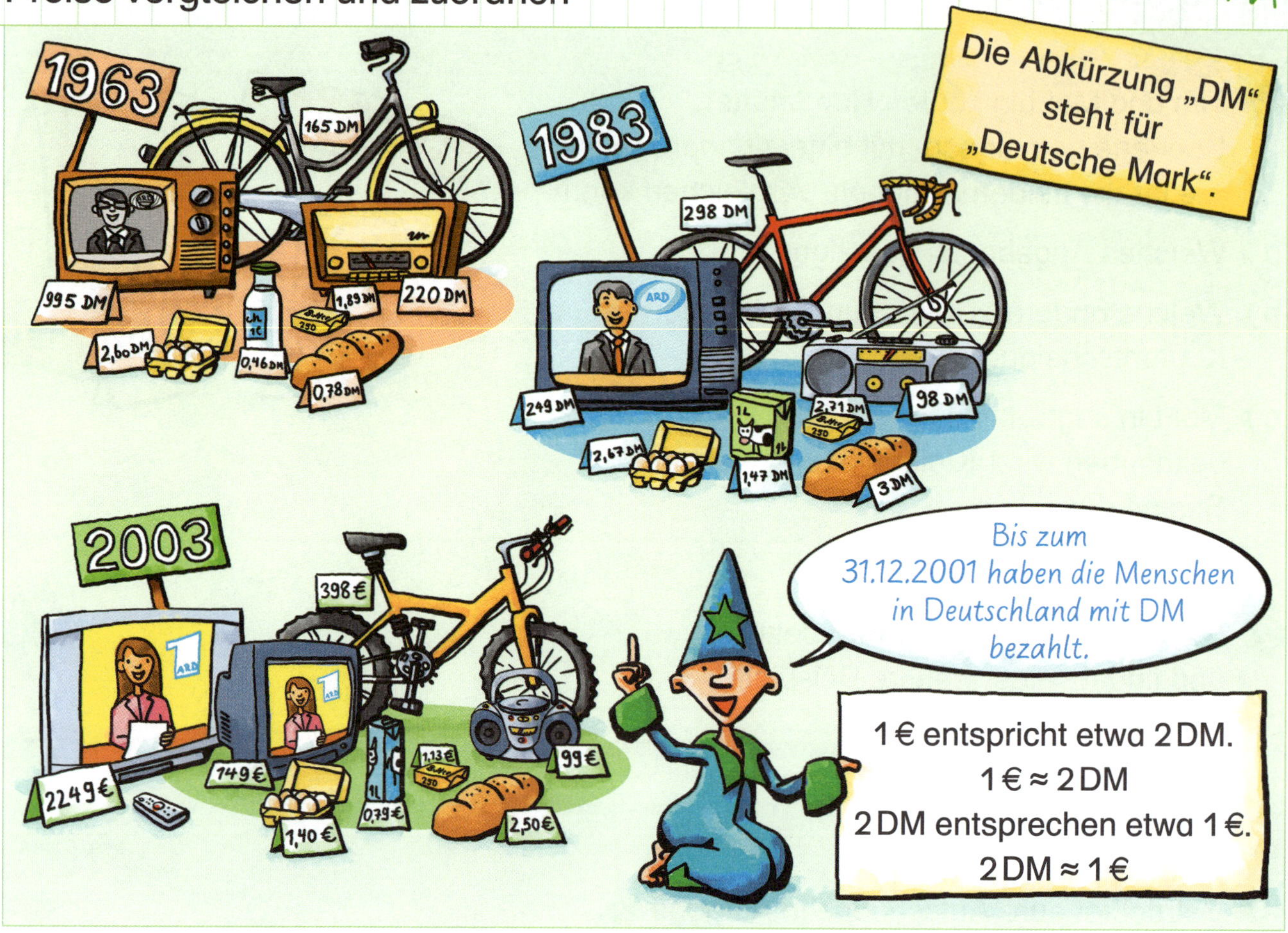

1 Betrachte die Preisveränderungen auf der Abbildung.

a) Ergänze in der Tabelle die Preise aus der Abbildung oben.

Gegenstand	Preis 1963	Preis 1983	Preis 2003	Preis heute
1 Liter Milch	0,46 DM ≈ 0,23 €	1,47 DM ≈ 0,74 €	0,79 €	
1 Stück Butter				
6 Eier				
1 Brot				
Fernseher				
Fahrrad				

b) Versuche, in Prospekten, in Geschäften oder im Internet den heutigen Preis für diese Produkte zu finden.

c) Kreise für jedes Produkt den niedrigsten Preis grün und den höchsten Preis rot ein. Berechne den Preisunterschied.

Seite 54 Aufgabe 1
c) ...

2 Befrage deine Eltern oder Großeltern nach den Preisen früher. Vergleiche mit den heutigen Preisen. Stelle deine Vergleiche einem anderen Kind vor.

* übertragen ihre Kenntnisse auf alltagsbezogene Fragestellungen
* wenden Mathematik auf konkrete Fragestellungen in Alltagssituationen an
* finden zu Problemstellungen eigene Fragestellungen und setzen sie mit den Erfahrungen anderer in Beziehung

Passende Rechenoperationen finden

1 Ordne gemeinsam mit einem anderen Kind den folgenden Tätigkeiten ⊕ oder ⊖ passend zu.

− ausgeben	bekommen	verschenken	verlieren
finden	wegnehmen	einnehmen	einzahlen
zusammensetzen	abheben	gewinnen	abschneiden
aufladen	verkürzen	dazukommen	sparen

2 Ordne gemeinsam mit einem Partnerkind jeder Rechengeschichte die passende Rechenaufgabe zu. Löst sie.

a) Lisa kauft ein Buch für 7,50 Euro und Briefpapier für 3,40 Euro. Wie viel muss sie bezahlen?

b) Tim hat 32 Euro in seinem Sparschwein. Für Bildkarten gibt er 3,80 Euro aus. Wie viel Geld hat er noch?

c) Lena hat 45 Euro. Sie möchte eine Jacke für 72 Euro kaufen. Wie viel muss sie noch sparen?

d) Ole kauft für 12,90 Euro einen Fußball. Er bezahlt mit einem 20-€-Schein. Wie viel bekommt er zurück?

e) Sofie kauft einen CD-Player im Sonderangebot für 35 Euro. Der bisherige Preis war 68 Euro. Wie viel hat sie gespart?

f) Mai-Lin hat auf ihrem Sparbuch 42,50 Euro. Bei einem Wettbewerb gewinnt sie zusammen mit ihrem Bruder 50 Euro. Ihre Hälfte zahlt sie auf ihr Sparbuch ein. Wie viel Geld ist nun auf ihrem Sparbuch?

⋆ ordnen Tätigkeiten passenden Rechenoperationen zu
⋆ finden mathematische Lösungen zu Sachsituationen mit Größen

Passende Fragen und Rechnungen finden

1 Tim will an seinem Geburtstag mit seinen Freunden basteln. Er kauft dafür Pinsel für 3,20 €, bunte Pappe für 5,10 € und Klebestifte für 4,60 €. Oma gibt ihm für den Einkauf 15 €.

a) Kreuze an, welche Fragen du zu dieser Rechengeschichte beantworten kannst.

- ☒ Wie viel muss Tim bezahlen?
- ◯ Reicht das Geld von Oma?
- ◯ Wie viel bekommt Tim zurück?
- ◯ Was kauft Tim ein?
- ◯ Wann hat Tim Geburtstag?
- ◯ Wie viele Pinsel kauft Tim?
- ◯ Wen hat Tim eingeladen?
- ◯ Kann Tim von dem Geld noch zwei Filzstifte für je 1,20 € kaufen?

b) Finde jeweils eine passende Rechenaufgabe, löse sie und beantworte die Fragen.

2 Schreibe selbst eine kleine Rechengeschichte zum Thema Geld.
Finde dann gemeinsam mit einem Partnerkind Fragen dazu, die ihr beantworten könnt und solche, die ihr nicht beantworten könnt.

* identifizieren lösbare Fragestellungen zu Sachsituationen
* finden mathematische Lösungen zu Sachsituationen

1. Wähle mindestens eine Rechenaufgabe auf Einsterns Tafel aus und löse sie. Schreibe dazu eine passende Rechengeschichte.

   Seite 57 Aufgabe 1
   Aufgabe: ...

2. Wähle mindestens eine Frage aus. Schreibe dazu eine kurze Rechengeschichte.

   A Wie viele sind es zusammen?
   B Wie viele fehlen noch?
   C Wie viel ist noch übrig?
   D Wie viel muss er bezahlen?
   E Wie viel bekommt sie zurück?
   F Reicht ihr Geld?
   G Wie viele waren es am Anfang?

   Seite 57 Aufgabe 2
   ...

3. Wähle mindestens einen Antwortsatz aus. Schreibe dazu eine kurze Rechengeschichte.

   A Sie müssen insgesamt ☐ Euro bezahlen.
   B Er hat ☐ Euro mehr als seine Schwester.
   C Sie muss noch ☐ Euro sparen.
   D Er hat noch ☐ Euro übrig.
   E Das Buch kostet ☐ Euro.
   F Mama hat ihm ☐ Euro geliehen.

   Seite 57 Aufgabe 3
   ...

4. Stelle deine Rechengeschichten aus den Aufgaben ①, ② und ③ einem anderen Kind vor. Überlegt gemeinsam, ob sie jeweils passend sind.

⋆ finden zu gegebenen mathematischen Modellen passende Problemstellungen
⋆ entwickeln zu gegebenen Fragestellungen entsprechende Sachsituationen
⋆ übersetzen Problemstellungen in ein mathematisches Modell

1 Im Restaurant bestellen und bezahlen

a) Suche dir mehrere Kinder, die mit dir gemeinsam eine Situation im Restaurant spielen.

Ein Kind ist die Bedienung/der Kellner, die anderen sind die Gäste, die einzeln oder gemeinsam etwas bestellen.

Die Bedienung/Der Kellner schreibt eine Rechnung, die Gäste zahlen mit Rechengeld.

Die Preise könnt ihr aus den Karten unten auswählen oder ihr könnt selbst eine Speisekarte erstellen.

b) Überprüft die Rechnung und das Bezahlen mit Rechengeld.

c) Besprecht am Schluss, wie ihr miteinander umgegangen seid.

d) Schreibe eine kleine Rechengeschichte zu deinem Restaurantbesuch.

* lösen Sachsituationen mit Größen
* erweitern Sachsituationen, um Zusammenhänge zu erfassen und zu erklären

Informationen aus Preistafeln entnehmen

PREISTAFEL SCHWIMMHALLE

1. Erwachsene	Einzelkarte	3,– €
	6er-Karte	15,– €
	20er-Karte	47,– €
	50er-Karte	110,– €
	3-Monats-Karte (gültig ab Lösungstag – Passbild nicht übertragbar)	55,– €
2. Familienkarten (3 Monate gültig ab Lösungstag)	1. Elternteil	45,– €
	2. Elternteil	30,– €
	1. Kind	22,– €
	2. Kind	22,– €
	ab 3. Kind	frei
3. Kinder 4–15 Jahre	Einzelkarte	1,50 €
	6er-Karte	8,– €
	20er-Karte	27,– €
	50er-Karte	59,– €

riesen rutschbahn

Preisliste *Stand 1. April 2012*

Erwachsene	
1 Fahrt	3,00 €
6 Fahrten	15,00 €
15 Fahrten	32,00 €
Erwachsene mit Kind unter 8 Jahren	
1 Fahrt	3,50 €
6 Fahrten	17,50 €
15 Fahrten	40,00 €
Kinder ab 8 Jahren	
1 Fahrt	2,00 €
6 Fahrten	10,00 €
15 Fahrten	22,00 €
Ab 20 Personen (Gruppe)	
Kinder ab 8 Jahren	
30 Fahrten	40,00 €
Erwachsene ab 14 Jahren	
30 Fahrten	50,00 €

Bei Regen und Nässe wird die Bahn gesperrt. Bereits gelöste Karten verfallen nicht und werden auch nicht zurückgenommen. Kinder unter 8 Jahren dürfen nur in Begleitung Erwachsener fahren.

seebusch abenteuerland

Im Winter geht Familie Schulz (Vater, Mutter und die 10-jährige Nele) häufig schwimmen.

Im letzten Sommer unternahm die Familie einen Tagesausflug zur Riesen-Rutschbahn.

1 Beantworte die Fragen zusammen mit einem anderen Kind.

a) Wie viel kostet ein Besuch im Hallenbad für Familie Schulz?

b) Wie viel muss die Familie für 20er-Karten bezahlen, wenn jede Person eine Karte erhält?

c) Wie viel kosten Familienkarten für die gesamte Familie?

d) Was ist für Familie Schulz günstiger: der Kauf von Familienkarten oder der Kauf von 20er-Karten? Wie groß ist der Preisunterschied?

e) Beantwortet die Fragen a) bis d) auch für eure Familien.

f) Überlegt, was sich für euch oder eure Familien im Jahr lohnen würde.

2 Beantwortet auch diese Fragen gemeinsam.

a) Auf der Rutschbahn möchte jede Person mindestens einmal fahren. Wie viel kostet das mindestens?

b) Herr Schulz sagt vor der Abfahrt: „Ich gebe für das Rutschbahnfahren höchstens 30 € aus!“ Überlegt und besprecht, welche Fahrtmöglichkeiten es dann für alle Familienmitglieder gibt.

c) Beantwortet die Fragen a) und b) auch für eure Familien.

★ entnehmen Darstellungen der Lebenswirklichkeit relevante Informationen
★ entwickeln und nutzen Strategien zur Problemlösung

Beim Einkaufen alle Möglichkeiten finden

1 Paul und Lisa kaufen sich am Kiosk etwas zu essen und zu trinken.

a) Schreibe alle Möglichkeiten auf, ein Essen und ein Getränk zusammenzustellen. Nutze dafür die Anfangsbuchstaben als Abkürzung.

Seite 60 Aufgabe 1
a) ...

b) Stelle alle Möglichkeiten in einer Skizze oder Tabelle dar.

c) Ermittle die Anzahl der verschiedenen Möglichkeiten mithilfe einer Rechnung.

d) Entscheide, welche Kombination die teuerste und welche die preisgünstigste ist.

e) Lisa möchte auf keinen Fall Mineralwasser trinken. Wie viele Möglichkeiten hat sie, sich ein Essen und ein Getränk zusammenzustellen?

→ 44 15 21 | → 37 21 42 87 | → 98 17 21 36 43 | 55 23 50

* bestimmen die Anzahl der verschiedenen Möglichkeiten bei einfachen kombinatorischen Aufgaben durch systematisches Probieren und stellen die Ergebnisse strukturiert dar

Einen Text verstehen und Fragen dazu beantworten

Familie Müller geht zum Abschluss eines Ausflugs in das Gasthaus Krone. Herr Müller findet neben den acht Autos einen freien Parkplatz. Anke, zehn Jahre alt, wählt den freien Tisch in der Mitte aus. Jan, der achtjährige Sohn, zählt alle Gäste. Es sind 23.

Aus der Speisekarte wählen sie vier Speisen und jeweils ein Getränk für jeden aus. Jan wählt sein Lieblingsessen, Schnitzel mit Pommes, zum Preis von 8,50 €. Vater und Mutter essen beide das gleiche Gericht. Es kostet jeweils 11,50 €. Ankes Essen und alle Getränke kosten zusammen 18 €.

Bis alle ihr Essen bekommen, wollen die beiden Kinder mit einem Quartett spielen, das 32 Karten haben sollte. Leider fehlt eine Karte. Nach erfolglosem Suchen legen Jan und Anke das Quartett beiseite.

Als Vater mit einem 50-€-Schein bezahlt, sind nur noch sieben andere Gäste da. Vater steckt das Rückgeld ein. Um 19 Uhr fährt die Familie satt und müde nach Hause.

1 Suche dir ein anderes Kind. Lest zuerst die Geschichte.
Stellt euch abwechselnd Fragen zu dem Text und beantwortet sie.

2 Findet gemeinsam heraus, wie viel Herr Müller bezahlen muss.

a) Schreibt nur die Informationen auf, die ihr benötigt, um die Lösung zu finden.

b) Schreibt einen neuen kurzen Text, der nur diese wichtigen Angaben enthält.

c) Schreibt nun die Rechnung und die Antwort zur Frage auf: „Wie viel muss Herr Müller bezahlen?“

3 Schreibe auf, was dir bei Sachaufgaben besonders leichtfällt und wobei du dich sehr anstrengen musst (Frage finden, die passende Rechnung finden, den Antwortsatz finden oder zu der Rechnung die Rechengeschichte schreiben).

* entnehmen Darstellungen der Lebenswirklichkeit relevante Informationen und formulieren dazu mathematische Fragestellungen
* finden mathematische Lösungen zu Sachsituationen

Fragen zu einer Geschichte beantworten

Am Samstag fuhr ich mit meinem Vater mit dem Fahrrad von Nebringen nach Tübingen. Wir dachten, die Fahrt würde sehr bequem, weil unser Haus in Nebringen 460 m über dem Meer liegt und das Eiscafé in Tübingen nur 330 m.

Bereits nach 15 Minuten mussten wir anhalten. Einer meiner Reifen war platt. Mein Vater war sehr schnell beim Flicken. Schon nach 10 Minuten konnten wir weiterfahren. Es war toll, 40 Minuten nur bergab zu fahren, bis mein Vater an meinem Fahrrad schon wieder einen Plattfuß beheben musste. Er schimpfte, weil ich so schnell über Steine und Gehweg-Kanten gefahren war. Wir machten auch gleich eine Pause und aßen jeder ein belegtes Brötchen.

Nach 45 Minuten fuhren wir endlich weiter. Es waren nur noch 30 Minuten Fahrt bis nach Tübingen. Dort gab es endlich Eis! Ich bekam drei Kugeln, meinem Vater reichte eine Kugel. Eine Kugel kostete 80 Cent.

Weil mein Vater kein Flickzeug mehr hatte, fuhren wir um 16.45 Uhr mit dem Zug zurück bis Herrenberg. Die Fahrt dauerte 30 Minuten. Leider mussten wir auch für die Fahrräder Fahrkarten lösen. Alle Fahrkarten zusammen kosteten 15 €. Von Herrenberg fuhren wir dann mit dem Rad nach Hause. Das dauerte noch einmal 25 Minuten.

Jan

1 Lies den Text. Entscheide, ob man die folgenden Fragen
– direkt aus dem Text beantworten kann (T),
– ob man sie gar nicht beantworten kann (X) oder
– nur mithilfe einer Rechnung beantworten kann (R).
Beantworte die Fragen, wenn möglich.

a) Wie viele Personen fuhren mit dem Rad?
b) Wie teuer war das Eis insgesamt?
c) Wie viel kostete die Zugfahrt für ein Fahrrad?
d) Wie oft musste der Vater einen Reifen flicken?
e) Wie teuer waren die belegten Brötchen?
f) Wie lange war die reine Fahrzeit nach Tübingen?
g) Wie viele Wegkreuzungen gab es unterwegs?
h) Wann waren die beiden wieder in Nebringen?
i) Überlege dir weitere Fragen, für die T, X oder R gilt. Beantworte sie.

Seite 62 Aufgabe 1
a) T: 2 Personen
b) R: ...
⋮
c) ...

* entnehmen Sachaufgaben und Sachsituationen Informationen und unterscheiden dabei zwischen relevanten und nicht relevanten Informationen
* finden zu einer gegebenen Problemstellung eigene Fragestellungen

1 000 € Spenden für die Goldbergschule

Zu Schuljahresbeginn erhält die Goldbergschule von der örtlichen Bank für jedes neu eingeschulte Kind 10 € als Spende. In diesem Schuljahr gibt es zwei neue erste Klassen.

Lotto-Gewinn

Über einen Lotto-Gewinn von insgesamt 980 € können sich sechs Lotto-Spieler freuen. Jeder von ihnen gewinnt fast 30 Euro.

Mehr als 1 000 € Einnahmen bei Theateraufführungen

Die Theatergruppe der Schule hatte am vergangenen Wochenende folgende Einnahmen: für Auftritte am Samstag um 11 Uhr und um 16 Uhr 270 € und 330 €. Am Sonntag wurden insgesamt 300 € mehr eingenommen als am Samstag.

1 000. Rabattaktion

Heute startet das Lebensmittelgeschäft seine 1 000. Rabattaktion. Rabattaktionen gibt es seit knapp 10 Jahren an jedem ersten Samstag im Monat.

1. Überprüfe gemeinsam mit einem Partnerkind die Zahlenangaben aus den Zeitungsmeldungen. Welche Ausschnitte enthalten ganz sicher einen Fehler? Unterstreicht die falschen Angaben und begründet eure Entscheidungen.

2. Wählt eine Zeitungsmeldung aus. Schreibt sie so um, dass sie stimmen kann.

   Seite 63 Aufgabe 2
   ...

3. Erfinde gemeinsam mit einem Partnerkind richtige und fehlerhafte Zeitungsmeldungen.

   Seite 63 Aufgabe 3
   ...

4. Stellt eure in Aufgabe 3 erstellten Zeitungsartikel anderen Kindern vor. Bittet sie zu überprüfen, ob diese stimmen können.

→ 12 27 36 → 97 16 45 23 → 21 45 52 83 63 42 24 74

* entnehmen Sachsituationen relevante Informationen
* überprüfen Zahlenangaben in Sachsituationen auf Plausibilität
* formulieren eigene Sachsituationen mit richtigen bzw. bewusst fehlerhaften Zahlenangaben

1 Kosten für Süßigkeiten

a) Tim kauft für seine Geburtstagsfeier Schokoküsse und Gummibärchen ein.
Berechne, wie viel Geld er dafür ausgeben muss.
Überlege dir Hilfsfragen, die dir weiterhelfen, wie z. B.:
Was kostet eine Packung Schokoküsse?
Wie viele Kinder kommen zur Geburtstagsfeier?
Schreibe die nötigen Informationen, die Rechenschritte und die Antwort auf.

b) Isst du viele Süßigkeiten?
Überlege dir, wie viele Süßigkeiten du in einem Jahr isst.
Berechne, wie viel diese Süßigkeiten zusammen kosten.
Überlege dir Hilfsfragen, die dir weiterhelfen, wie z. B.:
Wie viele Süßigkeiten esse ich ungefähr an einem Tag oder in einer Woche?
Schreibe die nötigen Informationen, die Rechenschritte und die Antwort auf.

c) Besprich mit einem anderen Kind, wie du vorgegangen bist und welche Ergebnisse du herausgefunden hast.

2 Kosten für einen Hamster

a) Maja kauft mit ihren Eltern im Zoogeschäft einen Hamster.
Überlege gemeinsam mit anderen Kindern, wie viel die Anschaffung und Haltung eines Hamsters in seinem gesamten Leben kostet.
Schreibt die nötigen Informationen, die Rechenschritte und die Antwort auf.
Besprecht mit anderen Kindern, wie ihr vorgegangen seid und welche Ergebnisse ihr herausgefunden habt.

b) Gestaltet dann gemeinsam einen Infozettel über die Kosten zur Anschaffung und Haltung eines Hamsters und hängt den Zettel in eurer Klasse auf.

* erweitern Sachsituationen, um Zusammenhänge zu erfassen und zu erklären, und beschaffen sich geeignete noch fehlende Informationen